LE NORD
INVISIBLE

Infographie : Andréa Joseph
Révision : Sylvie Massariol
Correction : Lucie Desaulniers et Joëlle Bouchard

Données de catalogage disponibles auprès de Bibliothèque et Archives nationales du Québec

DISTRIBUTEURS EXCLUSIFS :

Pour le Canada et les États-Unis :
MESSAGERIES ADP inc.*
Téléphone : 450-640-1237
Internet : www.messageries-adp.com
* filiale du Groupe Sogides inc.,
filiale de Québecor Média inc.

Pour la France et les autres pays :
INTERFORUM editis
Téléphone : 33 (0) 1 49 59 11 56/91
Service commandes France Métropolitaine
Téléphone : 33 (0) 2 38 32 71 00
Internet : www.interforum.fr
Service commandes Export – DOM-TOM
Internet : www.interforum.fr
Courriel : cdes-export@interforum.fr

Pour la Suisse :
INTERFORUM editis SUISSE
Téléphone : 41 (0) 26 460 80 60
Internet : www.interforumsuisse.ch
Courriel : office@interforumsuisse.ch
Distributeur : OLF S.A.
Commandes :
Téléphone : 41 (0) 26 467 53 33
Internet : www.olf.ch
Courriel : information@olf.ch

Pour la Belgique et le Luxembourg :
INTERFORUM BENELUX S.A.
Téléphone : 32 (0) 10 42 03 20
Internet : www.interforum.be
Courriel : info@interforum.be

09-17

Imprimé au Canada

L'ouvrage original a été publié par Dundurn sous le titre *Invisible North. The Search for Answers on a Troubled Reserve*

Dépôt légal : 2017
Bibliothèque et Archives nationales du Québec

ISBN 978-2-7619-4947-7

Gouvernement du Québec – Programme de crédit d'impôt pour l'édition de livres – Gestion SODEC – www.sodec.gouv.qc.ca

L'Éditeur bénéficie du soutien de la Société de développement des entreprises culturelles du Québec pour son programme d'édition.

Conseil des Arts du Canada | Canada Council for the Arts

Nous remercions le Conseil des Arts du Canada de l'aide accordée à notre programme de publication.

Financé par le gouvernement du Canada
Funded by the Government of Canada | Canada

Nous remercions le gouvernement du Canada de son soutien financier pour nos activités de traduction dans le cadre du Programme national de traduction pour l'édition du livre.

Nous reconnaissons l'aide financière du gouvernement du Canada par l'entremise du Fonds du livre du Canada pour nos activités d'édition.

ALEXANDRA SHIMO

LE NORD INVISIBLE

Récit d'une enquête au cœur d'une réserve amérindienne

Traduit de l'anglais (Canada) par Paulette Vanier

LES EDITIONS DE L'HOMME
Une société de Québecor Média

*Je dédie ce livre au peuple de Kashechewan et
à Lia Grimanis, qui en a inspiré l'écriture.*

Malgré la souffrance qui accompagne l'histoire, on ne peut l'effacer, mais si on lui fait face avec courage, on peut éviter de la revivre.
MAYA ANGELOU

L'histoire canadienne que nous avons connue n'est pas la version qu'on retrouve dans les manuels scolaires du pays.
GEORGE ERASMUS

Mot de l'auteure

Ce livre devait porter sur la rumeur d'une crise de l'eau ayant touché la réserve de Kashechewan, dans le Nord ontarien. C'est ce que j'avais promis à mon éditeur. Il en existe diverses versions, des ébauches antérieures qui se sont probablement retrouvées dans un site d'enfouissement quelconque, un endroit où il y a plus d'oiseaux que de gens et qui est rempli d'objets pour la plupart oubliés. Il en est question plus loin, quoique succinctement. En écrivant ce livre, il m'est apparu clairement que je ne pouvais en rendre compte sans raconter également ma propre histoire, celle des quelque quatre mois que j'ai passés à la réserve de Kashechewan à compter de septembre 2010, puis lors de mes séjours durant la saison des inondations en 2011 et en 2014. Même si j'étais une visiteuse non autochtone, j'ai été emportée par la réalité de la vie de cette communauté isolée du Nord. Je n'échangerais cette expérience pour nulle autre mais, comme toutes celles qui nous forment, elle m'a sérieusement ébranlée.

Pour comprendre et narrer ce récit, j'ai dû faire appel à divers outils du métier de journaliste et me fier, parfois, à de vagues souvenirs datant de quelques années. En outre, j'ai changé la chronologie des faits de même que les noms des personnes concernées et divers détails risquant de les identifier afin de protéger leur vie privée. Ces personnes méritent tous mes remerciements. En m'ouvrant leurs portes et en me permettant de vivre au sein de leur communauté, les gens de Kashechewan ont fait preuve d'une grande générosité. Ce geste m'a beaucoup appris et m'a transformée d'une manière qui m'échappe encore en partie ; pour cela, je leur en suis reconnaissante.

Prologue

Dans la voiture qui circulait sur la grande rue poussiéreuse de la réserve de Kashechewan, la docteure éprouvait le vague sentiment qu'on se servait d'elle. Elle regardait par la fenêtre. Qu'est-ce qui n'allait pas ? Les chiens errants poursuivant la voiture ? Les maisons couvertes de graffitis, aux portes et aux fenêtres condamnées ? Ou encore le fait qu'on était censé être au cœur d'une urgence nationale, alors que le conducteur, qui rigolait en montrant les quelques sites de la ville, et son adjoint plein de prévenances, qui avait porté ses bagages, semblaient se comporter avec la plus grande insouciance ?

Âgée de 28 ans et originaire de North Sydney, en Nouvelle-Écosse, la docteure Lindsay MacMillan exerçait la médecine en Ontario. Elle avait pris l'avion pour Kashechewan depuis Moose Factory, où elle était médecin résident. Selon son superviseur, le voyage avait pour but de traiter des gens présentant les symptômes caractéristiques d'une infection à la bactérie *E. coli*. On disait que la bactérie était dans l'eau. Elle avait lu la chose dans les journaux et continuerait d'ailleurs de lire cette nouvelle durant les quelques semaines suivantes, soit jusque vers la fin d'octobre 2005, bien que, entre-temps, elle ait claironné à la ronde qu'elle n'avait observé aucun symptôme de cette nature et que les gens de la réserve buvaient l'eau du robinet sans que nul tombe malade.

Ne trouvant aucune preuve de la présence de la bactérie, elle s'est mise à faire du porte-à-porte et à prendre des photos. La situation avait de quoi fendre le cœur: cuvettes de toilette débordant d'excréments, enfants jouant dans des pièces remplies de vaisselle sale et d'ordures, ou dormant sur le plancher durant le jour parce qu'il n'y avait pas assez de place pour les coucher tous la nuit. Cette réalité l'a hantée et la trouble encore aujourd'hui.

Par conséquent, quand les dirigeants de Kashechewan ont ensuite montré ces photos aux médias nationaux et internationaux dans le but de soutenir leur cause, elle n'a pas été surprise. «Tant mieux pour eux», s'est-elle dit. Le désespoir en pousse plusieurs vers des extrêmes. Parfois, la vérité ne suffit pas à faire changer les choses.

Introduction

À l'époque où j'ai entendu parler de Kashechewan la première fois, la rumeur voulait que la réserve soit en proie à des troubles. C'était en octobre 2005. Je travaillais alors pour la CBC comme réalisatrice de diverses émissions d'actualité radiophoniques et télévisuelles et, comme bien des employés de la chaîne, je passais constamment d'un contrat à un autre. Longues heures et précarité caractérisaient mon travail, mais celui-ci me permettait d'explorer divers sujets qui éveillaient ma curiosité, qu'il s'agisse des droits des Autochtones ou de l'état de mort imminente. Je me voyais comme une instigatrice payée pour découvrir des nouvelles et des idées, désireuse de mettre au jour les histoires et les conflits secrets qui feraient les manchettes. J'avais décidé d'appliquer ce principe à la réserve de Kashechewan, mais c'était impossible, du moins depuis Toronto. En effet, à peu de choses près, mes recherches portant sur l'histoire écrite des Autochtones s'étaient révélées infructueuses. Dans l'un de ces livres, le *Handbook of North American Indians, Volume VI*, à peu près tout ce qu'on mentionnait sur cette réserve, comme sur celles de diverses autres communautés du Nord canadien, c'était qu'on y trouvait un magasin de la Baie d'Hudson et une école primaire. Comme si, jusque-là, elle avait existé dans une sorte de vide pour en émerger soudainement et être catapultée dans une crise généralisée.

Quand, cinq ans plus tard, je me suis finalement rendue à Kashechewan, ou Kash comme on l'appelle là-bas, j'ai découvert une tout autre réalité que celle dont on parlait. J'imagine que c'est le cas de n'importe quel lieu ; la vie est toujours plus riche que ce qu'on en dit ou en écrit. Cependant, Kashechewan présentait un certain nombre de caractéristiques qui la rendaient en quelque sorte insaisissable. D'abord, elle se trouvait à plus de 1 000 kilomètres de Toronto et n'était accessible que par avion. Ensuite, il n'y avait pas de réseau de téléphonie cellulaire et, souvent, l'Internet ne fonctionnait pas. De plus, peu de gens acceptaient que leur nom figure dans l'annuaire téléphonique. Enfin, comme c'était une réserve des Premières Nations, ses dirigeants arrivaient difficilement à faire savoir publiquement ce qu'il s'y passait réellement. Il ne s'agit pas d'un incident isolé, c'est le cas de bien des communautés autochtones. Au fil des siècles, nombre de chefs amérindiens, tels que Joseph Onasakenrat, Frederick Ogilvie Loft et Bernard Ominayak[1], ont fait connaître leurs préoccupations au gouvernement fédéral pour être, au final, ignorés ou réduits au silence. Si nous savons qu'ils existent, si leurs récits figurent dans les livres d'histoire, c'est qu'ils ont pris des moyens extraordinaires pour défendre leur cause.

Kashechewan aussi avait été oubliée, du moins jusqu'à ce qu'un événement d'une grande importance s'y produise. En octobre 2005, la crise de la bactérie *E. coli* la ferait connaître. C'est le genre de situation qui évolue lentement, puis se retrouve soudainement à la une de la presse nationale et internationale. Même Paul Martin, le premier ministre du Canada à l'époque, s'y est intéressé.

L'événement n'aurait peut-être pas fait parler de lui autant n'eût été d'un autre scandale lié à l'eau qui s'était produit cinq ans plus tôt. En effet, lors de la crise de Walkerton, 7 personnes étaient mortes et 2 500 autres avaient été malades après avoir bu de l'eau contaminée par la bactérie *E. coli* ; cela alors même que Stan Koebel, responsable des services publics, et Frank Koebel, contremaître, niaient l'existence du problème et affirmaient que l'eau était potable. Ils en viendraient finalement à plaider coupables à une accusation de nuisance publique lors d'une négociation de peine. De nombreuses personnes ont estimé que la sentence – un an de prison pour Stan et neuf mois de résidence surveillée pour Frank – était plutôt clémente, particulièrement du fait qu'ils avaient reconnu avoir falsifié les rapports et que Frank avait admis qu'il buvait au travail et y gardait de la bière.

Cet incident a attiré l'attention sur la crise de l'eau potable au sein des communautés autochtones. Même si le Canada possède 60 p. 100 des lacs et le cinquième des réserves d'eau douce de la planète, on estime que 75 000 personnes y vivant n'ont pas accès à l'eau potable[2]. Notre pays était à l'époque, et est toujours, doté d'une Équipe d'intervention en cas de catastrophe (EICC), des Forces armées canadiennes, capable de se rendre partout dans le monde afin d'extraire de l'eau potable des boues les plus répugnantes. Pourtant, ce potentiel n'est pas exploité ici. L'EICC se déploie à l'étranger plutôt que de corriger les problèmes chez nous.

La manière dont on a géré la crise de l'eau de Kashechewan, comparativement à celle de Walkerton, nous a appris à quel point les choses différaient selon qu'il s'agissait, ou non, d'une réserve autochtone. La crise de Walkerton a mené à l'adoption, en Ontario, de la *Loi sur la salubrité de l'eau potable*, qui exige que l'exploitant ait une formation adéquate, qu'il détienne un certificat et qu'il inspecte fréquemment le système, en plus de prévoir des amendes en cas de violations. Cependant, cette loi provinciale ne s'applique pas aux communautés autochtones, qui relèvent du fédéral, lequel n'a adopté aucune réglementation semblable en la matière.

Au-delà de la question de l'eau, la crise a contribué à faire connaître la réserve, qui est devenue le symbole d'un problème plus grave. Les médias américains l'ont présentée comme une communauté du tiers-monde, soulignant le piètre état de ses infrastructures qui, selon eux, continuaient de se détériorer. Selon un article de l'*Associated Press* du 13 novembre 2005, les bâtiments miteux, l'eau contaminée et les routes non pavées résultent de notre échec, en tant que pays, à faire respecter les droits de la personne[3]. D'autres accusations semblables ont suivi. Dans le journal autrichien *Die Presse*, on a expliqué que ce problème illustrait les conditions terribles qu'on retrouvait sur les réserves amérindiennes et l'échec du gouvernement canadien à assurer un meilleur niveau de vie à ses populations autochtones[4].

L'enjeu n'était désormais plus l'eau polluée : Kashechewan devenait le symbole de l'échec du gouvernement à résoudre les problèmes auxquels faisaient face les Premières Nations du pays.

Kashechewan ne compte que 1 800 habitants. Conjugué au fait que la réserve est isolée et dispose de peu de ressources, ce nombre réduit explique qu'elle ait été mal préparée à ce déferlement soudain d'attention. Une enseignante de troisième année diplômée du Nipissing University's Teacher's College de North Bay et originaire de Guelph avait eu du mal à tenir le coup lors des quatre mois qu'elle y avait passés. Elle s'en était expliquée dans un article du *National Post* daté du 19 novembre 2005 et intitulé « All the Lost Boys and Girls » (Tous ces garçons et ces filles paumés). Son malaise n'était pas dû à un seul incident – ça l'est rarement, d'ailleurs –, mais elle avait tout de même été profondément perturbée par ce qui s'était passé un jour dans sa propre classe. Alors qu'elle écrivait au tableau, des élèves avaient lancé dans sa direction des souris et des rats morts. En dépit de ses implorations, plutôt que de se calmer, ils lui avaient coupé les cheveux. Elle écrivait qu'elle n'avait pas réussi à surmonter son malaise ; d'après le ton de l'article, elle était encore pleine de ressentiment.

Il y a eu d'autres crises et d'autres couvertures médiatiques. Songez à l'incendie qui s'est produit dans la prison de l'endroit, en janvier 2006, et au cours duquel deux hommes ont perdu la vie. Ces décès étaient largement attribuables au manque d'extincteurs, de détecteurs de fumée et de gicleurs. Les gardiens avaient entendu Ricardo Wesley, âgé de 22 ans, et Jamie Goodwin, âgé de 20 ans, crier « Au secours ! Au secours ! », alors que les flammes et la fumée gagnaient les matelas de mousse posés sur le plancher de leur cellule. Entre-temps, les gardiens tentaient maladroitement d'ouvrir la porte avec des clés non identifiées.

L'enquête subséquente a indiqué tout d'abord que la réserve de Kashechewan n'avait pas de service des incendies et, par conséquent, ne disposait ni de pompiers, ni de voiture de pompiers, ni de pompe à incendie. Tout problème électrique, toute cigarette allumée pouvait entraîner la destruction de la prison, sans compter que le bâtiment était en très mauvais état, selon les conclusions de l'enquête publiées en 2009. Rien de nouveau pour le conseil de bande, qui avait écrit à plusieurs reprises au gouvernement pour lui faire savoir que la prison était irréparable. Des experts hors réserve l'avaient confirmé. Cinq ans avant l'incendie, dans un rapport de la Direction générale des biens immobiliers de Travaux publics et Services gouvernementaux Canada (TPSGC), on indiquait que le bâtiment était dans un état déplorable; on recommandait de le détruire et de le reconstruire[5].

Les auteurs de l'enquête s'étaient penchés sur l'état d'esprit et les aptitudes des employés pour découvrir que ces derniers étaient découragés. Selon Wesley Luloff de la Long Lake First Nation de Longlac, qui avait travaillé 23 ans au sein de la Gendarmerie royale du Canada (GRC) et l'avait quittée en 1994 pour devenir sergent d'état-major au service de police Nishnawbe-Aski (NAP), certains agents de police avaient besoin d'être guidés et suivis[6]. Personne ne les avait formés. Lors de l'incendie, le NAP de Kash ne comptait dans ses rangs que des agents de la place. C'était ainsi depuis 1994, en partie dans la foulée de la revendication de leur souveraineté par les Autochtones, laquelle avait gagné lentement du terrain depuis le mouvement du « pouvoir rouge » des années 1960. Cela avait été une victoire importante pour des générations d'activistes autochtones, une manière de renforcer la relation entre la population et la police.

La majorité des gens étaient d'accord avec l'idéologie de la chose. Cependant, on avait eu du mal à trouver du personnel qualifié. Comme la plupart des habitants de Kashechewan – soit 70 p. 100 – quittent l'école avant de terminer leur secondaire, le service de police manquait d'employés diplômés. Quoi qu'il en soit, on avait tout de même pourvu les postes en engageant des gens de la réserve qui, croyait-on, apprendraient le métier sur le tas.

À la suite de l'incendie, cette décision a été suspendue. Des hommes étaient morts et cela ne devait pas se reproduire. On a décidé que le niveau du corps de police devait être le même partout et que les policiers devaient donc posséder la même qualification qu'ailleurs. On a renversé la décision de 1994 et entrepris d'engager des étrangers plus qualifiés pour gérer le service. D'autres communautés éloignées, notamment celles de Fort Albany et d'Attawapiskat, en ont fait autant.

Le chef Solomon n'a pas mentionné ce renversement lorsqu'il s'est adressé aux enquêteurs. Plutôt, il a demandé aux jurés de considérer la situation dans son ensemble, affirmant que les reportages ne rendaient pas compte de la dure réalité de la vie à Kash. Il se disait heureux qu'ils se soient déplacés jusqu'à la réserve et qu'ils aient pris le temps de parler aux familles des victimes. Ainsi, ils avaient pu se faire une idée de ce à quoi ressemblait la vie dans le Nord. Mais ce n'était là qu'un aperçu, les a-t-il prévenus en une sorte de prescience. Ce séjour d'une journée ne permettait pas d'en découvrir les aspects les plus crus. « C'est une chose de débarquer, de parler à quelques gens du coin puis de repartir, a-t-il expliqué, mais c'en est une autre de vivre ici. »

Les crises se sont poursuivies. En janvier 2007, on a mis au jour un pacte de suicide : 21 membres de la communauté avaient décidé de se suicider, essentiellement des mineurs, dont un enfant de 9 ans. La couverture de l'événement avait de quoi étonner tant l'information y était tronquée. Ainsi, le reporter n'y faisait pas mention de la raison qui poussait les enfants à vouloir se suicider ni de la méthode qu'ils comptaient employer, pas plus que des noms de ceux qui auraient pu les encourager ou des réactions des parents. On restait vague : le 7 février 2007, le *Toronto Star* citait les paroles du sous-chef Philip Goodwin : « Je ne sais vraiment pas ce qui se passe là. » La même semaine, dans le *Globe and Mail*, on citait celles du directeur de la santé Edward Sutherland : « Nous craignons que quelque chose de terrible se produise. »

À la suite de cet événement, j'ai lu attentivement les journaux en espérant y trouver d'autres informations, mais en vain. Une fois de plus, la réserve était sortie de l'ombre lors d'une crise généralisée et y était retournée deux semaines plus tard. Des enjeux de cet ordre ne disparaissent pas ainsi. Déterminée à trouver des réponses à mes questions, j'ai pris le chemin du Nord ontarien.

Chapitre 1

Départ pour le Nord

L'entrevue sera courte ; 10 minutes, 15 tout au plus. Une rencontre avec le chef Jonathan Solomon de Kashechewan à l'hôtel Delta Chelsea de Toronto, le 28 juillet 2010, dans le but de déterminer si je peux passer cinq mois dans sa communauté. Mes amis et les membres de ma famille s'étonnent que je souhaite rester aussi longtemps dans un endroit connu pour son climat ingrat, ses incendies et la problématique du suicide chez les jeunes. C'est étrange aussi pour moi, mais quand une chose m'obsède, j'ai besoin sinon de réponses, du moins de certains éclaircissements. Alors je m'installe au milieu des canapés de cuir brun et des tables basses en verre et j'attends.

Kevin Whitlock, un conseiller en construction de l'île Georgina, a organisé la rencontre. C'est une connaissance d'un de mes amis architectes de Toronto qui, pour une raison inconnue, semble m'avoir prise en amitié. J'en suis fort aise puisqu'il est proche du chef et connaît Kash de l'intérieur. De fait, depuis 2005, il s'y est rendu à plusieurs reprises dans le cadre de son travail de conseiller en habitations et en infrastructures auprès des dirigeants. Au téléphone, il m'a appris certaines choses sur le chef Solomon. Par exemple qu'il est en ville pour des réunions avec les membres du gouvernement et qu'il a la réputation d'être progressiste, pondéré et avisé sur le plan politique.

Je pense qu'il m'a dit cela pour me réconforter, mais je suis tout de même nerveuse, essuyant fréquemment les paumes de mes mains humides sur mon tailleur gris froissé.

En observant les gens dans le hall, je me demande lequel d'entre eux pourrait être un chef des Premières Nations. Un homme de taille moyenne, d'environ 1,75 mètre, attire mon attention. Il est différent de ce que j'imaginais. Il porte une casquette de baseball noire, une chemise de soirée et un jean bleu repassés, et possède des yeux bleus insistants. Nous échangeons un regard, puis il s'approche et prend un siège.

« C'est donc vous, la reporter ?

— Oui. Je me présente : je suis Alex Shimo.

— Enchanté de faire votre connaissance. Je suis le chef Solomon. »

Nous échangeons une poignée de main.

« Kevin Whitlock m'a dit que vous vouliez venir à Kashechewan ? Pourquoi donc ? »

Je prends le temps de réfléchir.

« Eh bien, on en parle beaucoup dans les médias et je suis convaincue que le portrait qu'on y présente ne rend pas compte de la réalité.

— En effet. »

Il fait signe que oui de la tête tout en soutenant mon regard.

« Vous avez fait beaucoup pour résoudre les problèmes de la communauté. Par exemple, pour l'usine de traitement de l'eau. »

Kevin m'avait raconté cette histoire.

« Tout juste. L'eau est désormais potable.

— Ce serait bien de faire un reportage là-dessus.

— En effet. »

Il faut une pause, puis reprend :

« Vous pouvez vendre un tel reportage ? »

Je lui fais signe que oui, en espérant que je le pourrai, effectivement.

À l'issue de cette rencontre, j'attends sa réponse, assise à mon ordinateur. D'une certaine manière, j'ai eu de la chance puisque, il n'y a pas si longtemps – 21 ans plus exactement – en plus de devoir rencontrer le chef, il m'aurait fallu obtenir la permission des Affaires autochtones et du Nord Canada (AANC) ou, puisqu'il change de nom tellement souvent, du « Ministère », comme l'appellent tout simplement les Autochtones[1]. C'est que, sous l'ancienne *Loi sur les Indiens*, l'article portant sur la violation du droit de propriété dans les réserves stipulait que quiconque pénétrait sans droit ni autorisation dans une réserve commettait une infraction et risquait d'être arrêté par un policier de la GRC.

Ainsi, une visite sur une réserve nécessitait l'autorisation du gouvernement. La *Loi* avait pour but de décourager les Autochtones de se déplacer d'une réserve à une autre, histoire de les surveiller, chose qui fonctionnait habituellement. Dans de nombreuses communautés, on affirme à la blague que tous entretiennent des liens de parenté et possèdent le même nom de famille. L'article portant sur la violation du droit de propriété a été modifié en 1985[2], si bien que, aujourd'hui, les Autochtones sont autorisés à se déplacer entre les communautés, à la condition d'obtenir l'autorisation du chef. Les étrangers aussi doivent être munis d'une telle autorisation pour visiter une réserve. C'est ce que stipule la *Loi sur les Indiens*.

Je reçois l'autorisation en septembre, une semaine avant mon départ prévu. Je me mets alors à la recherche d'une personne qui pourrait m'accueillir, faisant des appels à droite et à gauche. Les communications sont difficiles : il n'y a pas de service de téléphone cellulaire et peu de gens sont dotés d'une messagerie vocale. Quand je réussis finalement à joindre quelqu'un, bien souvent, la ligne coupe, et quand je rappelle, elle est morte. Autre problème : le manque de lieu où habiter. À Kashechewan, il n'y a ni hôtel, ni motel, ni gîte touristique. Pas de chambre libre non plus. Les résidents sont entassés les uns sur les autres ; 1 800 personnes vivent dans 274 bungalows comprenant de une à trois chambres à coucher. Ce qui signifie que bien des gens dorment dans des abris de jardin, sur le plancher ou dans n'importe quel recoin libre. Au moment de partir, je n'ai toujours pas d'endroit où rester.

Je passe mon voyage vers le Nord à crier dans mon cellulaire, en suppliant que quelqu'un m'accueille dans sa maison. Au moment où j'arrive à Timmins, j'ai une piste. Emma Foray, une enseignante de troisième année, pourrait peut-être m'aider. Elle ne dispose pas d'une chambre à coucher libre, mais possède un placard à balais sans porte. Si elle peut mettre la main sur un rideau et un matelas, je pourrai loger chez elle.

Kevin Whitlock est mon chauffeur. Ce mordu d'histoire passe sans effort et avec intelligence d'un sujet à un autre, aussi disparates soient les thèmes. Il adopte le point de vue de quelqu'un de la place sur pratiquement tous les sujets, peut-être parce que, dans sa communauté ojibwée, c'est un dirigeant, ou parce qu'il a travaillé avec beaucoup de réserves des Premières Nations ayant fait la manchette. Il me confie que ce qu'il souhaite vraiment, c'est que quelqu'un raconte l'histoire de la communauté autrement qu'à coups de majuscules et de gros titres dans les journaux. C'est pour cette raison qu'il est prêt à m'aider. Comment, poursuit-il, les gens peuvent-ils avoir une réelle compréhension de la situation quand les journaux ne couvrent que les pires crises ?

À Timmins, nous dormons dans un motel bon marché. Le lendemain matin, nous nous arrêtons à un restaurant chinois où l'on sert des boulettes de poulet au petit-déjeuner. Kevin me dit qu'il commande des plats parce qu'il n'y a pas de restaurant à Kash et que la meilleure manière d'amadouer les gens et de casser la glace consiste à leur en apporter. Apparemment, l'assistante du chef a déjà appelé Kevin pour passer sa commande.

Nos sacs de papier en main, nous reprenons la voiture pour nous rendre à l'aéroport de Timmins, où nous montons à bord d'un *Piper*. Quatre conseillers en construction qui travaillent avec Kevin se sont joints à nous. Nous sommes donc six. Les mets chinois déposés par terre, nous décollons.

À force de crier pour couvrir le bruit du moteur, nos voix se fatiguent rapidement, si bien que nous interrompons les conversations pour regarder dehors. Nous sommes entassés dans cet avion minuscule, tache d'aluminium au-dessus de la forêt boréale du Bouclier canadien. Les hivers sont rudes dans ce climat subarctique, la température moyenne y étant de -16 °C. Comme je le découvrirai bientôt, le froid y est vraiment mordant : la région de la baie James est l'un des endroits les plus venteux de l'Ontario. Pourtant, l'automne y est majestueux. Nous volons sous les nuages, leurs ombres lilas mouvantes animant le paysage dessous. Flamboyant d'un vert profond au soleil, les minuscules épinettes prennent une teinte plus foncée là où les cumulus les surplombent. Le vert émeraude est moucheté de multiples couleurs : prêles tamarin, mélèzes marron, orchidées roses et mertensies boréales bleues. Un troupeau de caribous émerge de la futaie en galopant pour traverser une clairière ensoleillée. Les herbes sauvages couvrent le sol jusqu'à la rivière Albany, où quelques familles pêchent dans des canoës et des bateaux à moteur sur une eau qui, sous la lumière de l'après-midi, reflète le bleu et le jaune.

Les turbulences nous rappellent que nous sommes en avion. Nous sommes tellement secoués que je m'inquiète au sujet des liquides qui se trouvent dans mes bagages. Comme dans bien des réserves, l'alcool est censé être prohibé à Kash. On m'en a informée avant mon départ de Toronto. Interdit que je me suis empressée d'ignorer. J'aime bien boire pour me détendre et calmer mon esprit agité. Une fois les règles connues, je me charge de trouver le moyen de les contourner. Ce n'était pas bien difficile : j'ai versé quelques bouteilles de vodka dans des bouteilles de Gatorade que j'ai ensuite teintes en bleu. Mais à l'atterrissage, tandis que j'attends que les responsables de la sécurité montent à bord et inspectent mes bagages, je suis soudainement prise de panique, n'ayant jamais rien passé en contrebande. À quoi ai-je pensé ? Et s'ils dévissaient les couvercles des bouteilles de Gatorade et percevaient l'odeur d'alcool ? Et si tous mes vêtements étaient tachés de bleu marine ? Mon besoin de boire risque de me coûter mon voyage et quelques mois de travail. Mais, par chance, peut-être parce que je suis avec Kevin, on ne fouille pas mes bagages.

Nous prenons le chemin de gravier poussiéreux qui mène à l'aéroport, lequel se résume à quelques cônes orange et à un abri en aluminium. C'est là que nous devons attendre notre chauffeur. À l'intérieur, il y a quelques chaises en PVC moulé et un garde de sécurité vêtu d'une veste orange fluo occupé à faire d'interminables parties de patience. Comme le bâtiment est trop petit pour que nous y soyons installés confortablement tous les six, nous attendons dehors près de la clôture grillagée. Vingt minutes plus tard, un homme d'âge moyen arrive dans une fourgonnette Ford bleu foncé. Les conseillers en construction, qui sont venus pour la journée dans le but d'inspecter les systèmes de chauffage et de ventilation des résidences, décident par politesse que la « dame » du groupe doit prendre place dans la cabine. Le chauffeur, Sinclair Wesley, passe la main sur l'intérieur du véhicule pour enlever un peu de la saleté qui le tapisse. En route, il me montre en riant les blessures de guerre de ce dernier: poignée de portière arrière absente, essuie-glace fonctionnant grâce à un fil de fer replié traversant le pare-brise, qu'un réseau complexe de fêlures parcourt.

En approchant de la rue principale de la réserve, j'ai mon premier aperçu de Kashechewan. Comme il en a été beaucoup question dans les médias, j'ai passé plusieurs heures à regarder les photographies qu'on a publiées dans les journaux, mais son paysage d'une autre planète continue de me captiver. Je jette un coup d'œil aux maisons préfabriquées d'un seul étage, aux terrains dénués de végétation, aux cordes à linge se croisant; tout cela évoque à mes yeux un camp de réfugiés. Tout semble avoir été construit de manière à pouvoir être démonté rapidement, comme si cela ne comptait pas que l'endroit soit occupé ou non, ou comme si tous les habitants devaient disparaître soudainement.

Près de la route, se trouve un cimetière dans lequel des pierres tombales en contreplaqué blanc ont été renversées et où des monticules de terre et des broussailles remplacent les fleurs. Sa clôture en grillage a été aplatie. Des enfants jouent dans la terre le long du chemin. Une fillette d'environ sept ans est assise dans un fossé et construit des châteaux de sable en se servant d'un sac de ciment percé.

Les maisons en bois sont couvertes de graffitis mettant en garde contre les balles de fusil et les pistolets ou évoquant de gros mots, les plus anciens étant recouverts par des nouveaux. Sur les toits, des enfants jouent sur les antennes paraboliques en surplomb. Dans les cours, il y a des fourgonnettes rouillées, certaines ayant été incendiées, d'autres présentant des flancs empoussiérés sur lesquels on a tracé des croix gammées.

Près du chemin en terre, quatre garçons de moins de 12 ans sont devant le bâtiment en tôle ondulée qui abrite la patinoire de la communauté. Un garçon vêtu d'un chandail noir à capuchon est planté devant le groupe et regarde la lumière de la patinoire. Il tient une roche dans la main, les yeux rivés sur sa cible. Comme la ville est calme, je peux entendre son grognement au moment où il lance la pierre. Il rate son coup. On perçoit le bruit sourd suivi du bruit métallique de la roche frappant le métal. Il se retourne et rejoint ses amis en silence. Ils ne se regardent pas dans les yeux ; un autre garçon s'avance à son tour en tenant une roche.

Ignorant les garçons, nous nous rendons en voiture jusqu'au bureau de ma future propriétaire. Pour habiter chez Emma, je dois obtenir l'autorisation de sa propriétaire, Rosy Sutherland. En tant que directrice de l'éducation auprès de la Hishkoonikun Education Authority (HEA), elle a de nombreuses fonctions : elle est responsable des deux écoles de Kashechewan et doit veiller à loger les enseignants ; ce logement comprend le placard à balais que j'occuperai. Le mot *Hishkoonikun* donne lieu à l'une de ces blagues noires que les Cris racontent à propos de leur situation trouble : il signifie « ce qui est laissé pour compte », c'est-à-dire la réserve dont personne d'autre ne veut.

Sinclair Wesley et les autres repartent en me disant qu'ils seront de retour dans 45 minutes, à l'issue de ma rencontre avec mademoiselle Sutherland. J'attends à l'extérieur de son bureau. Au bout de 10 minutes, elle m'ouvre la porte. Elle porte un chemisier repassé et a des lunettes rectangulaires sur le nez. Elle a des yeux noisette empreints de douceur et des traits délicats. J'ai lu *Fireworks and Folly : How We Killed Minnie Sutherland*, le livre portant sur sa mère Minnie de même que sur l'injustice de la part de la police et le racisme. Comme d'autres histoires concernant Kash et ses résidents, la sienne a été largement couverte par les médias et a laissé sa marque dans la conscience nationale. L'ignominie tenait au fait que sa mort aurait pu être évitée si les autorités avaient fait leur travail. La veille du jour de l'An de 1989, Minnie, qui était aveugle et était partie de Kash pour s'établir à Ottawa, a été renversée par une voiture alors qu'elle se rendait au parlement pour assister aux feux d'artifice. Comme elle sentait l'alcool, les policiers l'ont déplacée du milieu de la route vers un talus de neige en la tirant par son manteau et l'y ont abandonnée. Quand une ambulance s'est enfin présentée, on l'a emmenée dans un centre de désintoxication plutôt qu'à l'hôpital. Dans leurs rapports, les policiers ont écrit qu'elle était saoule tout en la qualifiant de « squaw ». À cause de l'absence de soins médicaux appropriés, elle est morte 10 jours plus tard d'un caillot de sang au cerveau. Dans le livre, de même que dans les journaux, on laissait entendre que le racisme avait joué un rôle dans son décès.

Mlle Sutherland ne me dit rien à propos de cette histoire et s'en tient à une rencontre brève. Elle me semble fatiguée. Comprenant qu'elle ne veut pas en parler, avec sa permission, j'attends ensuite Sinclair à l'extérieur de son bureau. Il me conduit à ma nouvelle demeure. Emma, l'enseignante qui a accepté de m'accueillir chez elle, vit dans un coin de la ville regroupant les résidences des enseignants. Tous les bâtiments de Kash ont été renumérotés il y a quelques mois, mais comme on n'a pas enlevé les anciens numéros, certains en ont plusieurs, d'autres ne consistent qu'en fragments de chiffres. Puisqu'il y a une certaine confusion dans les numéros, je planque mes sacs dans une cour et je frappe aux portes en demandant où vit Emma.

Il n'y a pas de sonnette, alors je crie son nom.

« Comment s'est passé le voyage ? » me demande-t-elle en ouvrant la porte et en attrapant deux de mes sacs.

Emma a des traits doux et des cheveux châtain coupés court.

« Très long ! »

Elle me fait visiter son appartement, qui ne comprend qu'une chambre à coucher. Il est propre et dépouillé. La plus grande des pièces, la cuisine, comprend une cuisinière, un réfrigérateur, deux armoires en bois et une minuscule table qui lui sert aussi de bureau. À l'extrémité de la pièce, un canapé brun des années 1970 et un téléviseur meublent à eux deux le salon. La pièce de résistance est une machine à pain qu'elle a rapportée de Toronto.

« Douillet », lui dis-je, en évitant autant que possible de trébucher contre les carreaux de la cuisine qui se décollent.

Elle me montre le placard à balais, qui est assez grand pour recevoir un matelas, mais rien d'autre. Ça me va, vu que je n'ai que mes vêtements à y mettre. Comme il n'y a pas de commode, nous enlevons les livres de la tablette qui surmonte le lit afin que je puisse les y ranger.

« Je suis désolée, me dit-elle. Nous sommes très serrés ici. C'est *ainsi* à Kash. »

Emma est également la bibliothécaire de la ville. Comme il n'y a pas de bâtiment prévu à cette fin, sa maison en tient lieu. Le salon est rempli de livres qui s'empilent sur des étagères, derrière le canapé et sur le plancher. Les enfants demandent à les emprunter à tout moment du jour et de la nuit. Elle m'apprend à frapper à la porte d'une certaine manière, au cas où j'oublierais mes clés. Tous les enseignants connaissent le truc, ce qui permet de savoir qui frappe à la porte : l'un d'eux ou l'un des enfants.

Mes affaires déballées, je sors faire un tour en me dirigeant vers la rivière, qui se trouve au sud. De par son immensité, elle est apaisante ; s'étendant sur 982 kilomètres, c'est la rivière la plus longue de l'Ontario. Elle se jette dans la baie James, qui fait partie du bassin versant de la baie d'Hudson, le plus gros du genre au Canada. Durant les millions d'années qui nous ont précédés, quatre glaciers continentaux se sont avancés et ont reculé, pulvérisant le granite et le gneiss du Bouclier canadien. L'eau salée et l'eau douce se sont alors écoulées, saturant la terre. Tout est détrempé – la fondrière de mousse, la tourbe, les lichens spongieux, les renouées faux-poivre-d'eau, les nénuphars – et toute cette eau s'écoule dans une myriade de petits lacs, marais et ruisseaux, apparemment interreliés, qui se déversent dans cette grande rivière. Durant des milliers d'années, ces eaux ont constitué le moteur de la vie, l'épicerie des pêcheurs, le centre des affaires : la rivière Albany était en effet la route commerciale principale des Cris. Même aujourd'hui, quand elle gèle et se transforme en route d'hiver, les communautés avoisinantes l'empruntent dans le but de commercer.

Je m'éloigne de la rivière pour suivre la digue en direction de la réserve. Le soleil s'est caché derrière un épais nuage. Levant la tête, je découvre qu'il n'y a pas d'oiseaux. L'absence de faune est davantage soulignée par une autre, celle de la verdure. À Kashechewan, il n'y a ni fleurs, ni herbe, ni arbres. Tout paraît dur et beige. Quand le vent tombe, l'air semble lourd, comme s'il était chargé du poids des attentes.

Près des maisons, il y a bien des tipis, mais ils ne ressemblent en rien aux peaux de bison tendues dont il était question dans les livres que j'ai lus à ce sujet. Autrefois, les tipis consistaient en tentes en cuir de forme conique, décorées de peaux de renard et d'autres animaux. Aujourd'hui, ils sont faits de bâches ou de sacs poubelle noirs et sont drapés de couvertures grisâtres détrempées. En jetant un œil à l'intérieur, j'aperçois beaucoup de choses étranges : corps d'oiseaux à moitié dévorés et possédant encore leurs plumes, assiettes sales, mégots de cigarettes et poupées.

L'endroit ne me semble pas approprié pour des enfants et, pourtant, il y en a partout. Ils jouent dans des fosses remplies de terre situées sous les maisons, dans les fossés, sur les toits, suspendus aux antennes paraboliques. À Kashechewan, le taux de natalité annuel est de 37 p. 1 000, soit 340 p. 100 plus élevé que le taux moyen du Canada. (Ces chiffres sont comparables à ceux des autres réserves de la baie James.) En regardant de l'autre côté de la rue, j'aperçois un garçon et une fillette en train de jouer à côté d'une vieille fourgonnette rouillée. Les portières sont ouvertes ; la fillette, qui est âgée d'environ six ans, se glisse à l'intérieur. En s'aidant des mains pour passer par-dessus les sièges, elle s'agenouille sur un siège jonché de verre cassé. Heureusement, elle porte un jean.

Le garçon, qui a environ sept ans, monte sur le capot.

« Regarde-moi », lui crie-t-il en sautillant.

Elle se penche par la fenêtre fendillée, son visage encadré de dangereux morceaux de verre. Tournant la tête, j'aperçois trois fillettes âgées d'environ six à neuf ans courir vers moi et me regarder avec l'air d'attendre quelque chose. Elles me demandent des bonbons. Je secoue la tête ; elles me demandent alors de l'argent ou des cigarettes.

Je retourne chez Emma en pensant à tout ce que je viens de voir. J'ai dit au chef que je voulais vivre ici cinq mois. C'est long, mais je savais que les reportages antérieurs qui portaient sur les Premières Nations et qu'on avait présentés à la radio de la CBC et dans le magazine *Maclean* avaient toujours nécessité plus de temps que ce qu'on avait prévu. Toutefois, je me demande si je serai capable de rester dans ce lieu aussi longtemps. Je crains que le délabrement omniprésent s'infiltre dans mes os et me fasse basculer dans le vide.

J'ai à peine fait quelques pas que j'entends un bruit rappelant le rugissement d'un moteur. En me retournant, j'aperçois plutôt des dents pointues et une fourrure grise. C'est un husky errant.

Jadis, les chiens tenaient la place d'honneur dans les communautés des Premières Nations. Pour survivre en forêt, les gens avaient besoin d'animaux en santé et bien dressés. On entretenait aussi avec eux un lien émotionnel: c'étaient des frères en esprit. Cela remonte aux plus lointains souvenirs et peut-être à plus loin encore. Ce lien est décrit dans les mythes de création des Cris-Ojibwés. Tout cela a commencé par le premier homme, Anishinabe, l'être humain primordial, qui s'est lié d'amitié avec un loup. Ensemble, ils ont parcouru la terre, apprenant à connaître les plantes et les animaux, cherchant à découvrir pourquoi ils avaient abouti sur la planète et ce que signifiait «vivre une bonne vie». Mais le chien que j'ai devant moi ne me semble pas être mon frère spirituel.

Un autre se joint à lui; ensemble, ils avancent vers moi en montrant les crocs et en grondant.

«Allez-vous-en», crié-je.

Au lieu de s'éloigner, ils continuent à avancer lentement vers moi.

«Allez-vous-en!»

Ils ne sont plus qu'à quelques mètres de moi. Je regarde frénétiquement le sol à la recherche de roches. J'en trouve une et la lance. Elle atterrit en douceur, presque sans bruit.

«Allez-vous-en!»

Je tape des pieds. Ils s'arrêtent, puis s'avancent de nouveau vers moi. Je me retourne et me mets à courir. Je ne suis qu'à quelques mètres d'une maison. Je frappe des poings sur la porte en criant, au bord des larmes:

«S'il vous plaît, laissez-moi entrer!»

La porte s'ouvre.

«Oui? me demande un homme d'environ 40 ans.

— Les chiens!» dis-je en les montrant du doigt.

Il sort.

«*Awas*! crie-t-il. *Awas*!

— Puis-je entrer?»

Quinze minutes plus tard, je quitte l'endroit armée d'un bout de poteau en bois. À la maison, Emma est en train de corriger les devoirs des élèves. J'ai peur des gros chiens depuis l'âge de sept ans, anxiété qui subsiste et qui est déclenchée par le souvenir d'avoir été régulièrement renversée et immobilisée au sol par un doberman pinscher qui errait dans le voisinage. On disait qu'il était agressif avec les petits enfants parce que son propriétaire était violent et le battait. C'était peut-être vrai, peut-être faux. C'était l'un de ces quartiers déshérités de Londres où les gens gardaient les choses pour eux à moins d'un événement très grave.

Je suis contrariée, mais Emma semble tellement concentrée sur son travail que je ne lui parle pas de ce qui m'est arrivé. J'essaie plutôt d'appeler mon amie Jill qui vit à Santa Fe avec son petit garçon de deux ans. J'ai vraiment besoin de parler à quelqu'un, mais je ne réussis pas à la joindre.

Durant les quelques jours suivants, je dors beaucoup et j'essaie de travailler. Je dois terminer un article portant sur deux traducteurs russes, Richard Pevear et Larissa Volokhonsky, qui sont censés avoir révolutionné la manière de comprendre les livres tels qu'*Anna Karénine* et *Guerre et Paix*. Je l'ai commencé avant de partir, mais je n'ai pas eu le temps de le finir. Peu importe, m'étais-je dit, étant donné que je me rendais dans un endroit isolé où je pourrais écrire en paix. Quelle erreur ! Le bruit sur la réserve est omniprésent. VTT, camions des éboueurs, voitures, fourgonnettes, adolescents faisant une partie de soccer, enfants jouant à tague sur la route. Il n'y a pas plus de circulation que, disons, au centre-ville de Halifax, mais dans ce marais qu'est Kash, murs, planchers et plafonds sont très minces. Chaque fois qu'un VTT passe, les meubles tremblent.

Au début, je décide de travailler dehors. Je grimpe au sommet de la digue et trouve un endroit sur la colline qui surplombe le fleuve. Mais où que j'aille sur la réserve, les chiens errants constituent un problème. Ils semblent avoir une affection particulière pour mon postérieur. Après avoir été chassée à quelques reprises, je décide de travailler à l'intérieur. J'envoie un courriel à une amie de Toronto pour lui demander de me faire parvenir des boules Quies. Je décide aussi de consulter le médecin. Les chiens éveillent en moi de vieux souvenirs oubliés qui s'accompagnent de panique, sans compter que j'ai besoin de somnifères.

Depuis mes années d'université, je souffre d'insomnie par intermittence. Quand je suis tendue, j'ai du mal à calmer mon agitation. L'insomnie provoque de l'anxiété et alors mon esprit court contre lui-même. Cela fait un moment que je n'ai pas eu d'accès, mais je sais que quand l'insomnie survient, elle peut durer des jours, voire des semaines.

Le poste de soins infirmiers, un bungalow gris, est à quelques pâtés de maisons. Sur la porte, une affiche : « Désolés. Plus de condoms. » Le sol est recouvert de boîtes de carton aplaties qui tiennent lieu de paillassons contre la poussière grise. Comme tous ont enlevé leurs chaussures, histoire de garder l'endroit un peu plus propre, je fais de même et j'attends qu'on m'appelle.

Le docteur York[3] est le médecin principal de la ville. J'ai de la chance qu'il y soit, vu qu'il ne se rend à Kash qu'une fois par mois. Après les présentations d'usage, je lui demande de me prescrire des somnifères.

« Déjà ? dit-il.

— Oui. Je fais parfois de l'insomnie.

— Vous êtes ici pour combien de temps ?

— Cinq mois.

— Cinq mois ? Que comptez-vous faire ?

— Je ne le sais pas encore.

— Eh bien, dans quel but êtes-vous venue ?

— Je comptais écrire un article sur la station de traitement de l'eau. Comment le problème a été réglé. Le chef a trouvé l'idée bonne.

— Le chef ? C'est amusant compte tenu de ce qui s'est passé.

— Qu'est-ce qui s'est passé ?

— Oubliez ça. Je n'aurais probablement pas dû vous en parler.

— Me parler de quoi ?

— Eh bien, nous vivons dans l'un des pays les plus riches du monde et nous fermons les yeux sur ce qui se passe dans notre propre arrière-cour.

— Je ne comprends pas.

— Ne le voyez-vous donc pas ? Tout le monde s'en fout puisqu'il s'agit d'Autochtones. Comme ils en avaient amplement entendu parler auparavant, il leur fallait autre chose. Quelque chose qui ferait le tour du monde. Comme la crise de l'eau de 2005.

— En effet, j'en ai entendu parler.

— J'étais assis juste là, dit-il en pointant du doigt le fauteuil près de la fenêtre. Je regardais la vingtaine de reporters qui se tenaient dehors. Ils venaient de tous les coins du pays pour couvrir l'événement. Mais tout cela avait été créé de toutes pièces. »

Chapitre 2
Le quart-monde

Échecs et Dames prirent un siège dans la cuisine de Thomas et mordirent dans leur sandwich à souhaits. Deux tranches de pain avec seulement des souhaits au milieu.

SHERMAN ALEXIE, auteur et poète de Spokane/Cœur d'Alène

Je prends un taxi pour me rendre à la maison, en tournant et en retournant dans ma tête les paroles du docteur York. La crise de l'eau a fait connaître Kashechewan, a rendu la réserve célèbre. Que les autorités aient eu une connaissance assez intime des médias pour savoir comment susciter leur intérêt et qu'ils aient réussi à leur servir cette invention sans qu'on soupçonne quoi que ce soit – si c'est vrai, bien sûr – a de quoi étonner.

À la maison, je m'installe à mon ordinateur dans le but de vérifier certaines sources qui me permettraient de confirmer ou d'infirmer les dires du docteur York. Sur Internet, il y a diverses versions de « l'affaire *E. coli* ». Selon ce que je lis dans *L'Encyclopédie canadienne* en ligne, la confusion entourait la crise de Kashechewan et on se demandait si la délégation de la réserve qui s'était rendue à Toronto avait exagéré l'importance de la crise dans le but d'attirer l'attention des politiciens qui, autrement, auraient ignoré la communauté. Sur le site de la CBC, il n'est fait nulle mention d'une incertitude ou d'une quelconque exagération délibérée de la crise de l'eau. On y dit que celle-ci était bien réelle; à la suite de la première alerte aux bactéries, les ingénieurs du site de traitement de l'eau ont ajouté trop de chlore dans l'eau, si bien qu'on a enregistré des niveaux très élevés, ce qui a contribué à aggraver les troubles cutanés existant au sein de la population, dont la gale et l'impétigo, et a forcé l'évacuation de la ville.

Je communique avec Aaron Brindle, ami et producteur de l'émission *The Current* à la CBC, lui expliquant la raison de ma présence sur la réserve de Kashechewan et lui rapportant la conversation que j'ai eue avec le médecin. Je lui dis tout ce que je sais en lui demandant si cela pourrait faire un bon radio-documentaire pour son émission.

Intrigué, il m'encourage à suivre cette piste-là et, si elle me mène quelque part, à explorer les raisons du canular et les motivations réelles des gens. Il ne suffit pas de raconter comment les choses se sont passées. Il me dit aussi que les gens doivent accepter d'être enregistrés et exige que, de mon côté, j'emploie un équipement professionnel de qualité et que je les enregistre dans un endroit tranquille, de sorte que le son soit bon.

Un endroit tranquille… Comment vais-je m'y prendre, puisque c'est bruyant partout ? Au mieux, le bruit diminue à compter de 21 heures. Peut-être pourrais-je convaincre les gens de rester debout le soir et faire les entrevues à ce moment-là.

Tout en réfléchissant, je jette un œil dans le frigo à la recherche de quoi manger. Comme il ne reste rien de ce que j'ai apporté, je prends un taxi pour me rendre au Northern Store et y faire mes courses. Nous faisons un détour pour prendre à bord une famille de quatre qui se rend à une fête d'anniversaire. Dans la voiture, nous parlons de nos gâteaux préférés. Suivant l'esprit d'égalité qu'entretiennent les Cris, le taxi fonctionne comme un bus : la voiture prend un maximum de gens à son bord et chacun doit débourser 4 $, quelle que soit sa destination.

Affamée, je décide de m'arrêter à l'un des magasins qui se trouve à quelques mètres de là afin d'acheter une tablette de chocolat et du café. Dans la plupart des magasins, on vend du café Tim

Hortons avec du succédané de crème. Je sirote le mien debout, près du comptoir.

Un triangle de lumière rouge s'infiltre dans la pièce. Par la fenêtre, qui tient grâce à du ruban à conduits, j'aperçois une voiture de police. Elle s'arrête, puis se place derrière un homme dans la vingtaine portant un chandail à capuchon ; un policier en sort et pousse l'homme avec rudesse à l'intérieur. Celui-ci se laisse faire sans dire un mot ni réagir. Puis, la voiture repart.

« Qu'est-ce qui se passe ? demandé-je au vendeur, un homme d'âge moyen du nom de John à qui je décris ce qui est arrivé.

— Jour de justice, répond-il.

— Qu'est-ce qu'ils font ?

— Ils ramassent tout le monde pour les procès.

— Qui ont lieu où ?

— Là où il y a de la place. À la patinoire. »

L'homme finit par m'expliquer que le juge a pris l'avion le matin même à Cochrane. Comme il ne vient à la réserve que pour la journée, les policiers ne disposent que de quelques heures pour réunir les auteurs des crimes et les témoins inscrits. À Kash, les procès sont généralement expédiés rapidement, les gens étant portés à plaider coupables, puisqu'ils ne commettent pas de crime à moins d'être ivres. Comme l'alcool est censé y être interdit, le défendeur présume qu'il a commis le crime qu'on lui reproche étant donné que, de toute façon, il a fauté en buvant. C'est ce qui explique que les Cris qualifient les policiers d'*ohgoobaysow*, c'est-à-dire de « personnes qui vous enferment ». La méfiance envers le système est désormais inscrite dans la langue.

C'est une chose familière. Selon les résultats de diverses études, les Autochtones sont plus susceptibles que d'autres de plaider coupables à des crimes qu'ils n'ont pas commis. D'autres rapports indiquent qu'ils sont aussi plus susceptibles de faire l'objet d'un profilage racial[1]. Ils sont également moins susceptibles d'être libérés sous caution et leurs peines de prison sont plus longues que celles des non-Autochtones. La présomption de culpabilité existe avant même que le crime soit commis. Si l'on doit en croire les résultats d'études, et il y en a eu de nombreuses, cette idée est présente, d'une part, dans l'esprit des Autochtones et, d'autre part, dans celui des juges, des policiers et de tous ceux qui travaillent dans le domaine de la justice pénale. Songez au cas de Maisy Marie Odjick, qui a disparu en 2008 et dont la mère, Laurie Odjick, a fait pression pour qu'on mette sur pied une enquête nationale portant sur les cas de femmes et de jeunes filles assassinées et disparues. Dans le cas de Maisy Marie Odjick, le corps de police qui a mené l'enquête – celui de la Première Nation Kitigan Zibi Anishinabeg du Québec – n'a pas semblé particulièrement troublé quand elle a disparu, présumant, selon Laurie, qu'elle avait des comportements à risque. En conséquence, l'enquête sur sa disparition n'a commencé qu'après qu'on eut entrepris des recherches formelles, soit trois mois plus tard.

Parfois, ce qui se produit est encore plus troublant: les victimes sont menacées physiquement, comme l'affirme le groupe Human Rights Watch, basé à New York. En questionnant 50 femmes et jeunes filles autochtones provenant de 10 communautés situées entre Prince George et Prince Rupert (Colombie-Britannique) sur les relations entre les femmes et les policiers, il a appris que certaines avaient subi des fouilles corporelles, avaient été agressées au pistolet à impulsion électrique ou avaient été violées, comme en fait foi le rapport qu'il a publié en février 2013. Parfois, c'est pire que le viol. Les femmes sont abandonnées sur un talus de neige pour y mourir, comme ce fut le cas de Minnie Sutherland[2].

Le service de police Nishnawbe-Aski (NAP) a justement été créé dans le but de bannir la brutalité policière, de sorte que les Autochtones ne soient pas traités sur les réserves comme ils le sont dans le reste du pays. Je regarde par la fenêtre à la recherche d'indices montrant que cela a été efficace. La voiture de police repasse sans s'arrêter. J'attends son retour en vain. Je me rends alors à pied au Northern.

À l'entrée, le vendeur, un Cri d'une vingtaine d'années portant un survêtement trop grand, fouille tous les Autochtones qui entrent, expliquant que, récemment, plusieurs vols à l'étalage ont été commis. Les gens se mettent en rang et lèvent les mains sans dire un mot tandis qu'il les fouille. Il laisse les Blancs passer sans poser de question.

À l'intérieur, je me faufile dans les allées. Appuyés sur leur panier à provisions, les gens marchent comme s'ils se trouvaient dans un long tunnel sombre. Ils ne se regardent pas dans les yeux. Personne n'élève la voix. Courbés, ils avancent d'un pas traînant en passant devant des rayons remplis de produits alimentaires qu'ils n'ont pas les moyens de s'offrir tandis que, au-dessus d'eux, les lampes fluorescentes dansent.

Le Northern Store est vraiment unique. On y vend tout ce qui est nécessaire à la vie dans le Nord : les boîtes de thon font face aux VTT, alors que les laitues jouxtent les canoës. À la fin du XVIIe siècle, quand on a ouvert les premières boutiques, on troquait les denrées contre des fourrures. Puis, selon le trappeur Bobbly Wynne, un homme âgé de 46 ans, on a cessé en 2009 d'accepter les fourrures en échange de denrées. Aujourd'hui, on envoie généralement les fourrures par la poste à des maisons de vente aux enchères, puis on dépense l'argent ainsi gagné au Northern. C'est plus compliqué, mais on en tire un meilleur prix. Ce problème existe depuis plus de 200 ans : en raison des interdits touchant le commerce au sein des Premières Nations, les acheteurs possédaient un pouvoir monopolistique, explique Edmund Metatawabin, auteur et activiste cri. Les fourrures étaient vendues à un prix inférieur à leur valeur, de sorte que la plupart des gens s'endettaient.

Au magasin, les pizzas surgelées se vendent 30 $ chacune et la douzaine d'œufs coûte 15 $. Au rayon des fruits et légumes, une grappe de raisins (de 75 grammes, soit l'équivalent d'une centaine de grains) coûte 13,42 $, un sachet de pommes (1,3 kilo de golden delicious), 15,29 $ et un chou rouge, 12,89 $. Ces prix ne reflètent pas la qualité : les légumes sont flétris ou brunâtres, tandis que la date de péremption de certains morceaux de viande est largement dépassée. J'opte pour une botte d'oignons verts offerte en solde à 2,69 $ et quelques pommes, les produits frais les moins chers.

Une petite foule s'est amassée au rayon des produits en conserve. Le pain de viande Klik y est offert en solde à 5,99 $ la petite boîte.

« Ça goûte quoi, le Klik ? »

Je pose la question à John, un homme dans la vingtaine qui porte un jean, des chaussures de course et, sur la tête, un foulard imprimé de minuscules drapeaux canadiens. C'est la première personne à me regarder dans les yeux.

« Salé », répond-il.

Nous rions tous les deux.

« Les prix ici, c'est de la folie ! lui dis-je.

— Ouais. C'est pas comme dans le sud.

— Je ne comprends pas, lui dis-je en prenant une boîte de thon offerte à 5,29 $. Comment faites-vous pour survivre ? Comment quiconque peut-il survivre dans ces conditions ?

— Il faut suivre le régime de Kash.

— C'est-à-dire ?

— Du Klik, des œufs et de la soupe aux tomates.

— Est-ce bien sain ?

— C'est tout ce qu'on peut se permettre », répond-il en haussant les épaules.

Puis, il retourne à son panier rempli de boîtes de conserve.

Au rayon des pâtes, le macaroni au fromage est en solde à 2,50 $ l'unité, une bonne affaire. Seulement 1 $ de plus que dans le sud. Je fais des réserves. Une femme dans la vingtaine vêtue d'un chemisier en tissu écossais se glisse jusqu'à moi et examine mes boîtes de macaroni. Deux enfants jouent des coudes pour obtenir la meilleure place dans son panier.

« Calmez-vous », leur murmure-t-elle.

Elle s'arrête pour se gratter le bras. Je peux voir sous la manchette de son chemisier une éruption de boutons rouges qui, aux yeux de la personne inexpérimentée que je suis, semble être de la teigne. Je souhaite lui poser la question, mais elle se retourne et couvre son poignet.

Mes courses terminées, je passe à la caisse. J'ai fait attention à ce que j'achetais – pas de viande ni de poisson, que du macaroni au fromage, des pâtes et du thon, les denrées de base de mon enfance, à l'époque où ma mère, fraîchement divorcée et artiste, tirait le diable par la queue et faisait de son mieux pour tenir le coup. Mes deux produits de luxe sont des haricots verts et de l'huile pimentée.

À la caisse, je regarde avec nervosité les chiffres s'additionner. Mes premières courses se chiffrent à 342,57 $. Je sors de mon sac un paquet de billets de 50 $. *Merde!* Comment les gens arrivent-ils à se débrouiller avec des prestations sociales mensuelles de 383 $? Moi qui travaille à temps plein, je suis toujours à court d'argent.

Pour éviter les chiens errants, je prends un autre taxi. À la maison, Emma et moi préparons ensemble le repas en discutant du prix des denrées vendues au Northern Store. Elle affirme que c'est un véritable problème; certains enfants arrivent à l'école sans avoir mangé le matin ni même le soir précédent. Elle le sait parce que les enfants sont alors distraits ou se conduisent mal. Parfois même ils mangent du papier, probablement pour calmer leurs crampes d'estomac.

Après le repas, nous allumons le téléviseur. Quelqu'un frappe à la porte. J'ouvre. Une femme d'âge moyen se tient sur le seuil avec sa fille d'environ six ans.

« Vous aimez l'art cri ? » me demande la femme.

Je fais signe que oui de la tête. Elle ouvre son sac de plastique pour m'en montrer l'intérieur. Des oiseaux sont empilés les uns sur les autres. J'en mets un devant la lumière. Les brindilles se courbent à angle aigu, comme un exosquelette délicat. Il dégage une odeur de forêt d'épinette.

« Je les ai fabriqués moi-même, dit-elle. Ce sont des oies. Ça vaut 10 $ pièce ou 35 $ pour une famille. »

Je vais chercher mon portefeuille, puis je lui achète deux oies.

« Rien d'autre ? » demande-t-elle.

Elle fait un signe à sa fille. L'enfant sort un oiseau du sac et l'élève pour bien me le montrer. Ses grands yeux ressemblent à de petites soucoupes. Sa bouche est tachée de brun et ses cheveux sont emmêlés. Elle tend le bras, me l'offrant comme si c'était un présent. Je sais que je devrais acheter autre chose. Je peux voir que cette famille est désespérée. Vingt dollars, c'est presque rien. Juste de quoi acheter un sachet d'oranges au Northern Store. Pas assez pour une pizza et encore moins pour un repas complet. C'est ce que me dit ma conscience. Mais je suis soudainement prise de panique et je ferme la porte.

Chaque fois que je vais dans des pays en voie de développement, par exemple Cuba ou la Tanzanie, je rapporte des valises pleines d'objets. Kash ressemble à cela à certains égards, les taxis collectifs, par exemple, et les gens qui font du porte-à-porte pour vendre des objets faits main. Mais pas en ce qui concerne les coûts. Bien que sa population soit d'une pauvreté désespérante – 86 p. 100 vivant de prestations sociales –, les prix de ce qu'on y trouve sont parmi les plus élevés au monde.

En moyenne, le revenu par personne y est de 9 741 $[3], ce qui comprend les salaires de ceux qui travaillent et les 86 p. 100 qui ne vivent que de prestations sociales. C'est légèrement moins que la moyenne de 14 000 $ que, selon Statistique Canada, on gagne sur les réserves. Si Kashechewan était un pays, cette communauté se classerait au 104e rang en termes de revenu, derrière l'Iran (70e), la Namibie (101e) et le Sri Lanka (103e)[4]. Cependant, ces données statistiques ne rendent pas compte de son réel degré de pauvreté. En Iran, en Namibie et au Sri Lanka, si les salaires sont bas, les prix le sont également. Les produits frais coûtent généralement moins chers qu'au Canada. À Kashechewan, les revenus sont bas, mais tout coûte quatre fois plus cher qu'ailleurs au pays. Si l'on tient compte de la parité du pouvoir d'achat, les revenus relatifs y sont encore plus bas. Ils sont plutôt à mettre en parallèle avec ceux du Soudan du Sud, d'Haïti et de l'Afghanistan, économies ravagées par les crises et les conflits. Pour cette raison, on qualifie parfois les communautés autochtones du Canada et du reste de l'Amérique du Nord de quart-monde plutôt que de tiers-monde.

Dans ce pays, qui est l'un des principaux exportateurs nets de produits alimentaires au monde, ceux qui y forment le quart-monde ont souvent faim. Selon les résultats d'une étude menée en 2014 par le Conseil des académies canadiennes[5], 90 p. 100 des membres de la Nation dénée des Territoires du Nord-Ouest ont affirmé qu'eux-mêmes ou les autres adultes de leur maisonnée ne mangeaient pas suffisamment ou sautaient des repas par manque de moyens. Selon les résultats de l'enquête menée en 2007-2008, lors de l'Année polaire internationale, c'est aussi le cas pour les autres Premières Nations du Nord. On a en effet découvert que, au Canada, le taux d'insécurité alimentaire était plus élevé que dans les autres pays où il y a des populations indigènes, tels les États-Unis et le Groenland[6]. « La crise de santé publique qui émerge dans le Nord du Canada a de quoi préoccuper sérieusement et devrait recevoir une attention immédiate», soulignait-on dans l'étude du Conseil des académies canadiennes. À court terme, on recommandait d'y augmenter le nombre de banques alimentaires.

Cela ne devrait pas être ainsi, du moins si l'on tient compte de nos propres lois. Nous avons adopté une législation nationale et avons signé des traités internationaux dans lesquels nous nous engagions à fournir à tous une nourriture adéquate, y compris la Déclaration universelle des droits de l'homme de 1948, le Pacte international relatif aux droits économiques, sociaux et culturels de 1966, la Convention relative aux droits de l'enfance de 1989 et le Plan d'action du Canada pour la sécurité alimentaire de 1998. Dans ces lois et traités, on considère ce qui est nécessaire pour qu'une personne s'épanouisse et soit fonctionnelle dans sa société. Or, on a déterminé qu'une alimentation salubre, nutritive et suffisante faisait partie du contrat que la société établit avec ses citoyens. L'accès à la nourriture est l'un des piliers de la société canadienne – justice, communauté, santé – et, pour cette raison, relève tant de la justice sociale que des droits humains fondamentaux.

Quand on cherche à expliquer pourquoi la pratique et les politiques ne concordent pas, comment nous en sommes arrivés là, pourquoi nous avons ignoré nos promesses et nos engagements nationaux et internationaux, une rengaine familière refait surface et on la retrouve dans de nombreuses études. Disposant de moins de terres, les Cris ne pouvaient plus compter sur la chasse et le piégeage pour subvenir à leurs besoins, alors que ces activités leur avaient permis de survivre durant des milliers d'années. Les captures étant moins abondantes, les fourrures l'étaient aussi, phénomène qui s'est aggravé avec la chute des prix. En effet, la fourrure est passée de mode et les gens se sont tournés vers des matières moins chères. On n'était plus guère motivé à trapper, si bien que les revenus baissaient, tandis que les dépenses alimentaires croissaient. Les Cris de Kashechewan ne pouvaient désormais plus subvenir à leurs besoins.

Si les terres ont de l'importance, il y a une autre question qui est malheureusement souvent laissée de côté dans les comptes rendus et les études de cas. C'est-à-dire ce qui se passe en coulisse, tandis que les autorités locales tentent par divers moyens de résoudre les problèmes de nature alimentaire. Pas nécessairement en demandant de la nourriture bon marché, d'ailleurs, mais plutôt en réclamant qu'on en améliore l'accès, par exemple en finançant la construction d'une route praticable par tous les temps. C'est le cas de diverses Premières Nations de l'Ontario dont les communautés ne sont accessibles que par avion – Webequie, Nibinamik, Neskantaga et Eabametoong – qui ont formulé des requêtes dans ce sens à l'endroit du Ministère. Quand le transport s'améliore, les prix des aliments chutent, certains étant alors en mesure d'acheter les denrées en vrac dans le sud pour les revendre ensuite à prix raisonnables dans de petits commerces. D'autres, telle la nation crie d'Onion Lake dans les années 1990, cherchent à attirer des investisseurs de l'extérieur afin de mettre sur pied des exploitations agricoles.

En 1985, quand les dirigeants de Kashechewan ont pris la relève des agents des Indiens, ils ont exploré diverses approches qui permettraient peut-être de résoudre le problème de l'approvisionnement alimentaire. Beaucoup croient qu'il est impossible de cultiver dans le Nord du Canada, étant donné la rigueur du climat. Dans la région de la baie James, partie subarctique du Bouclier canadien, la période de croissance ne dure que 140 jours. Des gels peuvent survenir à tout moment de l'année et les fondrières de mousse acides reposent sur du granite imperméable. Ce ne sont décidément pas des conditions idéales, et pourtant, on y trouve de petits endroits protégés où le sol s'égoutte bien, où l'herbe pousse et où il serait possible d'exploiter de petites fermes familiales. Les dirigeants de Kashechewan savaient que la chose était possible puisqu'ils en avaient été eux-mêmes témoins. En effet, à St. Anne, le pensionnat tout proche, il y avait une ferme et une serre de production qui fournissaient au personnel des aliments frais toute l'année.

Les dirigeants étaient convaincus qu'il était possible de reproduire la chose dans le village. En 1990, ils ont donc conçu le projet d'élever, en régie biologique, 25 poulets et 25 poules pondeuses dans une grange en bois. Un poêle à bois permettrait de chauffer le bâtiment durant l'hiver. Ils ont donc préparé pour le Ministère une estimation des coûts, des marges de profit et de la croissance anticipée. Ils demandaient 17 000 $ pour mettre sur pied le projet. Trois mois plus tard, la réponse leur parvenait : « Ne satisfait pas aux exigences de faisabilité. » C'était le premier d'une longue liste de refus.

Pourtant, les dirigeants de la réserve croyaient répondre au mandat du Ministère. Depuis l'introduction des pensionnats à la fin du XIXe siècle, le ministère des Affaires autochtones et du Nord Canada (AANC) souhaitait justement que les Amérindiens se transforment en fermiers. Des membres des Premières Nations ont été envoyés dans ces établissements pour y apprendre à travailler la terre, de sorte qu'ils renoncent ainsi à leur mode de vie de chasseurs-cueilleurs et établissent de petites fermes un peu partout au pays.

Le fossé entre le programme du Ministère et ce qui se passe sur le terrain – entre les promesses et la réalité – est un sujet répandu dans les réserves. Je ne suis à Kash que depuis une semaine et j'en ai déjà été témoin, qu'il s'agisse de l'accès à la nourriture, de l'agriculture ou de la prospérité économique locale. Si le docteur York dit vrai et que la crise autour de la bactérie *E. coli* de 2005 était autre que ce qu'on en a rapporté, alors la réserve n'est pas la seule partie concernée à dissimuler des choses. Pour l'heure, je n'ai pas de preuve concrète, seulement une intuition. Ce serait un thème fascinant pour un documentaire radio, mais il faudrait d'abord qu'une personne qui occupe un poste de responsabilité le confirme. Je décide d'organiser une rencontre avec le chef Solomon.

Chapitre 3

Rencontre avec le chef

Je suis là dans cette bonne vieille Wasaychigan Hill,
poussiéreuse et ennuyeuse... Wasy... j'attends... j'attends...
clouant à l'aide de mon fidèle marteau d'argent
des bardeaux brillants sur la toiture de la petite maison
avec deux chambres de Pelajia Rosella Patchnose,
que lui a fourni l'assistance publique.

TOMSON HIGHWAY, dramaturge cri

S'il s'était agi d'un article de fond habituel, comme j'en ai fait des centaines pour la CBC et pour divers journaux et magazines, j'aurais simplement organisé une rencontre avec le chef. Si je ne l'ai pas fait, c'est en partie à cause des rumeurs qui circulaient, mais surtout des circonstances.

J'étais venue pour écrire un article sur la station de traitement de l'eau. J'avais entendu dire par Kevin et d'autres que le chef était fier de tout ce qu'il avait réalisé. Depuis son élection en 2006, il avait accompli une chose qui échappe à bien des dirigeants des réserves du Nord canadien qui sont à court de liquidités : il avait fait en sorte d'assurer la production d'eau potable 24 heures par jour, 7 jours par semaine. Il avait amélioré le dispositif de filtration en installant un nouveau système informatique, une chambre de mélange de produits chimiques et des pompes dans la rivière. Malheureusement, comme personne de la place n'avait réussi les examens nécessaires à l'obtention du permis d'exploitation[1], la station était désormais gérée par John Gentile, qui agissait également comme directeur régional pour la Northern Waterworks, une firme de Red Lake (Ontario). Avec les membres de son équipe, il passait deux semaines sur quatre à la réserve. Compte tenu du coût des billets d'avion, c'était cher, mais on estimait la chose nécessaire, histoire d'éviter à ces gens l'épuisement qui aurait pu résulter des conditions de vie précaires à Kash.

C'est ce sujet que le chef semblait souhaiter que je traite quand je l'avais rencontré à l'hôtel Delta Chelsea. Étant donné que notre conversation avait été très courte, je ne peux que présumer que c'est ce qu'il avait dit aux membres du conseil de bande pour les convaincre de l'à-propos de mon séjour.

Si j'allais le voir en lui disant que je comptais écrire sur les rumeurs voulant que la réserve ait monté une crise de l'eau, plutôt que sur les travaux qu'il avait fait réaliser à la station de traitement de l'eau, cela n'irait pas sans conséquences. Si c'était moi qu'on avait trompée, j'aurais été en colère. Et même si les dirigeants étaient plus généreux que je ne l'aurais été à leur place, leur réaction devant ceux qui violaient les règles était directe et rapide : le conseil adoptait une résolution les bannissant de la réserve ; dans le patois de celle-ci, on parlait d'une « BCR » – Band Council Resolution (résolution du conseil de bande). Ainsi, les membres du conseil se rencontraient et émettaient un décret indiquant que votre présence nuisait à la communauté. Vous aviez alors quelques heures pour quitter la ville.

Comme bien des aspects de la vie dans la réserve, l'établissement des BCR a été façonné par son histoire. Jusqu'en 1985, les dirigeants des Premières Nations n'avaient guère le contrôle sur qui entrait et sortait de la réserve. Seul le Ministère – ou ses représentants, les agents des Indiens – décidait de qui pouvait visiter la réserve ou y vivre. Ils étaient aussi les seuls à décider qui devait être banni de la communauté, que ce soit pour avoir violé les règles de la *Loi sur les Indiens* ou simplement parce que la personne en question désapprouvait leurs décisions[2].

Arrivée à Kashechewan, une communauté accessible seulement par avion, lors de ma première visite en septembre 2010.

En l'absence d'un service des incendies, de pompiers et de tuyaux d'incendie, les feux sont intenses et brûlent longtemps.

Anglicans, pentecôtistes et aînés cris sont enterrés ensemble dans le cimetière du coin.

Ces travailleurs de la construction effectuent des travaux de réparation sur une maison.

La principale maison de jeu de Kash s'appelle The Poker Shack *(La cabane à poker). On y joue au* Texas hold'em *(une variante du poker).*

L'enseignant Chris Mead et ses étudiants ont recouvert de cœurs roses les graffitis peints sur le bâtiment du conseil de bande.

Les enfants de Kash aiment bien jouer à prétendre tirer sur quelqu'un.

Bien que le cimetière soit protégé par la digue, il est inondé lors de la crue du printemps.

Un des magasins de la réserve tenus par des Autochtones. Les restrictions de la Loi sur les Indiens *font qu'il est difficile pour les commerces de faire des profits.*

Dans un snack-bar. Les denrées vendues dans les magasins tenus par des Autochtones coûtent beaucoup moins cher qu'au Northern. Dans certains cas, les prix sont équivalents à ceux de Toronto.

Malgré l'absence de terrain de jeu, les enfants de Kashechewan trouvent quand même le moyen de s'amuser. Le shagging (la traîne) est un jeu consistant à s'accrocher à un véhicule en mouvement et à se laisser glisser sur la glace.

Première pêche sur l'Albany.

Moi, en compagnie d'Ariel, âgée de 12 ans, dansant un mauvais hip-hop.

Les enfants adorent ce trampoline. Le tipi à l'arrière sert à refroidir ou à fumer le gibier.

Du point de vue des Autochtones, les personnes bannies n'étaient généralement pas celles qui auraient dû l'être. Dans les années 1920, les guérisseurs-chamans, comme John Metatawabin de Fort Albany, étaient emprisonnés pour avoir pratiqué la religion crie, alors que ceux que l'on suspectait d'homicide[3], le frère Lauzon par exemple, un prof d'éducation physique de l'école St. Anne, pouvaient poursuivre leurs activités en toute impunité. Les plaintes contre ces derniers ne menaient nulle part, selon l'écrivain Edmund Metatawabin qui, 30 ans plus tard, a organisé les réunions des anciens étudiants qui ont mené aux procès contre les auteurs de ces crimes. (Mort d'un cancer à l'époque des procès qui se sont déroulés au milieu des années 1990, le frère Lauzon n'a jamais eu à subir le sien.) Nul ne souhaite voir une telle situation se reproduire ni se sentir de nouveau impuissant. D'où l'institution de la BCR permettant de bannir de la réserve des gens risquant de nuire à la communauté.

Plutôt que d'interviewer Jonathan Solomon, je décide de rencontrer d'autres membres du conseil de bande. James Wesley, directeur général, est le premier à accepter. On m'a déjà parlé de lui. On m'a dit que c'est un esprit universel cri : chasseur, père, ancien policier du NAP, leader de Kashechewan, ainsi que conseiller et directeur à distance de la Compagnie de Construction et de Développement Crie Ltée. Rasé de près, dans la cinquantaine, l'homme m'accueille dans son bureau du conseil de bande. Nous parlons de tout et de rien, à la manière plutôt lourde de Kashechewan. Il me dit que le taux de natalité dans la réserve est de 60 par année (plus que celui d'Haïti) et que, étant donné le financement du Ministère, le conseil de bande a du mal à préserver la qualité actuelle des services.

Je lui demande ce qui s'est passé en octobre 2005. Sa réponse est simple et directe. À la fin de 2005, une éruption d'*E. coli* a poussé le conseil de bande à émettre un avis de non-consommation de l'eau. On a fermé les deux écoles. La radio locale présentait des comptes rendus quotidiens de la situation. En date du 26 octobre, l'eau n'était toujours pas potable, de sorte qu'on a évacué la réserve. À ce stade, je devrais probablement lui donner la version du docteur York, mais je suis troublée par ce que j'ai entendu sur les BCR. Je me contente donc de le remercier de m'avoir reçue.

À la maison, je me mets de nouveau en quête d'information sur Internet. Je tombe sur un article de la *Presse canadienne* datant du 19 octobre 2005, dans lequel il est dit que l'eau contaminée de Kashechewan causait des troubles gastro-intestinaux, des maux de tête et de la fièvre. Selon l'auteur de l'article, il était toutefois plus malaisé de prouver que des gens en étaient morts. Il citait la sous-chef Rebecca Friday qui disait que c'était intolérable, inacceptable.

C'est une bonne chose. Cela veut dire soit que le conseil de bande croyait que l'eau contaminée provoquait des troubles gastro-intestinaux, des maux de tête et de la fièvre, soit qu'il laissait entendre aux médias qu'il le croyait. On m'a déjà parlé de Rebecca Friday. On dit qu'elle s'intéresse passionnément aux droits des Premières Nations et qu'elle est ambitieuse. Elle suit présentement des cours en ligne à l'Université Ryerson de Toronto, afin de terminer son baccalauréat en travail social. Je lui laisse quelques messages téléphoniques, puis j'attends.

Entre-temps, je décide d'aborder le chef à la fête de l'Action de grâce qui se tiendra la semaine suivante. L'ambiance festive contribuera peut-être à délier les langues. Depuis quelques jours, la fête est le principal sujet de conversation. Dans cet endroit où certains ont faim et où la plupart des gens survivent grâce à de la viande en boîte et de la soupe aux tomates, on offrira gratuitement une abondance de nourriture, dont de la viande fraîche provenant de gibier récemment abattu par les chasseurs de la réserve. Chez certains, le mot «gibier» suscite la même réaction que l'œnophile qui parle du petit vignoble qu'il vient de découvrir et que la plupart ne connaissent pas. Cela m'amène à me demander ce que goûte la viande de gibier – ça a probablement peu à voir avec la viande insipide que l'on trouve chez nous au sud et qui n'a rien de spécial à part le fait d'être emballée.

Le jour de l'Action de grâce, quelques centaines de personnes se rendent à l'école secondaire Francine J. Wesley. Nous faisons la queue pour entrer dans l'édifice puis, une autre fois au gymnase, pour recevoir nos plats. Il y a environ 250 personnes devant moi. Certains bavardent à voix basse, mais la plupart sont silencieux. Dans la grande salle, les enfants rient, mangent, crient, jouent à tague ou au soccer avec les ordures qui se trouvent sur le plancher.

Alors que nous attendons, huit hommes portant une casquette de baseball et un foulard s'approchent en tenant un tambour recouvert d'une peau d'orignal. Un rythme régulier vibre à travers les planchers, accompagné de chants de gorge obsédants, telles les lamentations aiguës d'un guerrier.

Les gens délaissent leur nourriture et s'approchent, sortant téléphone et caméra vidéo. Tout comme le chef, qui porte une énorme coiffure de plumes blanches et brunes, souriant et inclinant la tête au rythme de la musique.

On dit que la fête, la coiffure du chef et la performance donnée devant toute la ville par Chakapesh, le groupe local qui a emprunté son nom à un héros mythologique cri, sont les trois moyens par lesquels le chef et le conseil rétablissent les traditions cries, qui ont été bannies jusqu'en 1951 dans le cadre d'un amendement à la *Loi sur les Indiens* interdisant le *potlatch*. Par la suite, elles ont été légalisées quoique fortement découragées par les prêtres et le personnel des pensionnats, qui enseignaient que toute activité culturelle indigène revenait à adorer le diable. Comme le dernier pensionnat n'a fermé ses portes qu'en 1996, les effets de cette discrimination sont encore bien visibles. Ainsi, en 2005, alors que Laurie Gough, une enseignante de troisième année, encourageait ses étudiants à jouer du tambour sur des instruments qu'ils avaient fabriqués eux-mêmes, un groupe d'Aînés lui ont dit de cesser car il fallait éviter d'encourager « les activités indiennes malfaisantes qui s'opposaient à Jésus[4] ». Et quand, deux ans plus tard, l'Aîné Paul Wesley a décidé d'enseigner aux enfants de tout âge les traditions cries apprises des Aînés de l'Alberta (en Ontario, peu d'entre eux les connaissaient, compte tenu de l'héritage centenaire des pensionnats), le personnel de l'école l'a informé qu'il devait cesser de le faire, des parents qui croyaient que c'était immoral s'étant plaints aux dirigeants.

Une fois terminée la performance, je me retrouve en tête de file. Je remplis mon assiette de chair d'oie, d'orignal et de canard, de petits pains et de salade de pommes de terre. C'est un véritable soulagement après n'avoir consommé, depuis mon arrivée, que du macaroni au fromage et du thon en boîte, les prix du Northern Store étant au-dessus de mes moyens.

Les gens du coin ont raison, la viande n'a rien à voir avec ce que nous consommons dans le sud. La chair goûte le muscle qui a bien travaillé, métallique, musqué et, en arrière-plan, tout ce que l'animal a consommé : mousse, herbe et écorces. C'est comme si on dégustait un stilton après avoir toujours cru que le fromage se résumait aux Kraft Singles.

C'est le moment que je choisis pour m'approcher du chef, mais un homme, présumément un de ses manutentionnaires, me dit d'attendre la fin de son discours. Durant 20 minutes, il s'adresse à la foule en anglais et en cri, soulignant l'importance de la famille et le pouvoir de la communauté. Quelques-uns applaudissent. Je m'avance de nouveau vers lui, mais je suis précédée par des gens de l'assistance qui l'inondent de questions jusqu'à ce qu'il doive partir.

Le lendemain, je vais le voir au bureau du conseil de bande, un bungalow bleu délabré, décoré de cœurs roses, tentative pas entièrement réussie, apprendrai-je plus tard, d'un enseignant désireux de couvrir les jurons qu'on y avait peints. À l'intérieur, un homme dans la vingtaine lave longuement le plancher dans le but d'éliminer la poussière provenant des chemins non pavés. Je passe près de lui et d'une affiche sur laquelle il est écrit *shawaylimick keshayhowuk* et, en anglais, *Respect your Elders* (Respectez vos Aînés). Sur une autre, figure le numéro d'un avocat que les victimes de la rafle des années 1960 peuvent appeler. La firme Wilson Christen LLP Barristers de Toronto recueille les noms des membres des communautés des Premières Nations de l'Ontario dans le but d'intenter un recours collectif en justice[5*].

La rafle des années 1960 est une page sombre de l'histoire du pays. Les services sociaux provinciaux ont alors retiré des milliers d'enfants des réserves pour les donner en adoption, généralement à des familles non autochtones du Canada et des États-Unis. Selon Andrew Reuben, ancien chef de Kashechewan qui a été témoin de la chose, dans cette réserve, on a enlevé à leurs parents un ou deux enfants par année entre 1960 et 1989. (Le Ministère ne tenait pas les

* NDÉ. À la mi-février 2017, un juge donnait raison aux Autochtones ontariens dans cette cause.

comptes.) À l'échelle nationale, on estime que 20 000 enfants métis, des Premières Nations et inuits ont été arrachés à leur maison durant cette période. En théorie, la mesure ne s'appliquait qu'aux enfants victimes de négligence ou d'abus. Dans les faits, Ottawa présumait qu'un enfant qui vivait dans la réserve avec des parents ayant été pensionnaires était forcément le fruit d'un foyer éclaté.

Les représentants du gouvernement, généralement des gens du Ministère, prenaient l'avion jusqu'à la réserve et annonçaient que les enfants devaient passer un examen médical ou voir un médecin. On les réunissait, puis on les embarquait dans l'avion. Les parents attendaient leur retour; quand ils finissaient par comprendre qu'on leur avait menti, ils posaient des questions. « On nous disait que nos enfants avaient été emmenés loin d'ici, mais que nous n'avions pas à nous inquiéter car ils étaient mieux là-bas, raconte Reuben. Nous savions qu'on nous mentait, mais personne n'osait se plaindre puisque c'étaient les autorités elles-mêmes qui enlevaient nos enfants. »

En regardant l'affiche, je pense au mot *scoop**. À mes yeux, cela concerne un objet inanimé, la glace par exemple, mais comme bien des mots inventés par euphémisme dans le but d'atténuer le poids de l'histoire, il épure celle-ci alors qu'elle a toutes les apparences d'un kidnapping organisé et financé par le gouvernement.

Une fois de plus, le chef Solomon est occupé. Comme l'endroit est exigu, nous sommes deux à l'attendre debout, tandis que d'autres sont assis un peu plus loin. À travers la porte, je peux l'entendre consoler une femme enceinte de son sixième enfant. Elle vit avec ses parents ainsi que ses deux sœurs et leurs enfants : ils sont 16 dans la maison. C'est une chose normale à Kashechewan ; la plupart des maisons sont surpeuplées, les familles élargies vivant sous un même toit.

Je ne cherche pas à écouter aux portes. Je ne veux pas me mêler de la vie privée des autres, pas plus de celle du voisin de dessous, Ken Reid, l'enseignant en informatique qui, après le travail, appelle sa femme pour lui dire combien elle lui manque, que de celle

* NDT. Cuillère à glace ou à purée. La rafle des années 1960 est appelée *Scoop Sixties* en anglais.

d'Emma qui explique à ses filles dans la vingtaine que les enfants de Kashechewan arrivent à l'école le ventre vide. Mais les murs sont extrêmement minces ; comme bien des choses à Kashechewan, ils sont fabriqués sur mesure pour les réserves. J'entends les gens et ils m'entendent. Personne ne jouit de la moindre intimité. Cela ne relève pas d'une adaptation spécifique au milieu, puisque ce dont une réserve a besoin quand elle se trouve dans un endroit au climat extrême, où les inondations sont chose courante, ce sont des maisons qui se tiennent debout. Or, celles qu'on leur offre ont des murs minces qui se percent au moindre contact. L'adaptation, dans ce cas, tient à la même raison qui fait que la plupart des choses sur les réserves se dégradent, c'est-à-dire la volonté de réduire les coûts.

Le chef parle d'une voix grave et apaisante, disant à la femme qu'il la soutiendra dans sa décision, qu'elle garde le bébé ou se fasse avorter. Ils sortent tous deux du bureau, la femme continuant à pleurer doucement. Comme je m'approche de la porte, un homme dans la quarantaine me tape sur l'épaule et me dit qu'il a une urgence. Ça ne prendra que quelques minutes.

À travers la porte, je l'entends dire au chef qu'il n'a pas reçu son allocation de chômage du ministère des Services sociaux et communautaires de l'Ontario. M. Solomon lui dit qu'il va s'informer. Les gens continuent de se présenter : un homme incapable de payer sa facture de chauffage de 600 $, une femme dans la trentaine qui vit avec ses sept enfants dans une maison où toutes les fenêtres sont cassées, etc.

Dans la réserve, le chef est responsable de tout cela. M. Solomon et son conseil voient à peu près à tout. Ils agissent comme logeurs des maisons, s'occupent de la plomberie, de l'électricité et des réparations. Ce sont les principaux employeurs en ville ; ils engagent des gens pour travailler au bureau du conseil, à la station de traitement de l'eau et sur les routes l'hiver. Ils agissent comme surveillants sur les lieux de travail et directeurs des ressources humaines. Aussi, comme conseillers familiaux et thérapeutes. Ils ont la responsabilité de la collecte des ordures, du déneigement, de la réparation des routes et de l'éclairage des rues. Ils doivent voir à ce que les fenêtres cassées soient réparées et que les graffitis soient enlevés. Ils doivent assurer les responsabilités de la municipalité tels que la protection contre les incendies et les températures extrêmes. Ils doivent aussi s'entendre avec le gouvernement provincial en matière de soins de santé, d'éducation et de développement économique. De plus, ils sont légalement responsables pour tout ce qui pourrait mal tourner sur la réserve, par exemple une inondation ou un incendie criminel.

À première vue, le gouvernement des Premières Nations semble avoir beaucoup de pouvoirs. Il y a toutefois un côté sombre à la législation, qui limite la responsabilité : chaque fois que le chef fait quelque chose, chaque fois qu'il veut dépenser de l'argent, il doit d'abord demander l'aval du Ministère. Selon les articles 35[6] et 53.1 de la *Loi sur les Indiens,* les réserves sont des terres de la Couronne. Toutes leurs ressources appartiennent à l'État. Même si on se complaît à parler de souveraineté autochtone, sorte de salut à la rectitude politique, dans les faits, le Ministère gère la plupart des réserves, au moins indirectement, comme il l'entend.

En théorie, on peut se soustraire à ces règles afin d'obtenir un minimum de souveraineté selon la *Loi sur la gestion financière des Premières Nations.* Cependant, pour avoir droit à cette disposition, la Première Nation en question doit prouver que sa situation financière est saine, ce qui, pour une réserve comme celle de Kashechewan, est impossible étant donné qu'elle ne possède ni industrie ni ressources naturelles. La communauté dépend donc entièrement du financement d'Ottawa.

Kashechewan ne peut se soustraire à cette situation, qu'elle partage avec 475 réserves, lesquelles représentent 75 p. 100 de toutes les réserves canadiennes. Elle est liée aux cruelles réalités de la *Loi sur les Indiens.* La gouvernance devient une procédure obscure et mystérieuse qui ressemble, du moins vue de l'extérieur, à une version bureaucratique d'*Oliver Twist.* Le moindre petit projet du chef Solomon nécessite d'abord l'approbation du Ministère, qui doit en fournir le financement – sous la forme d'une subvention au développement ou d'un accord de contribution – et demande une bonne dose de patience.

Le problème avec cette procédure, c'est que M. Solomon ne dispose de pratiquement aucune information sur la manière dont les décisions sont prises en haut lieu. Il n'est pas le seul : aucun des chefs interviewés – Andrew Reuben (chef de Kashechewan de 1993 à 1995), Edmund Metatawabin (chef de Fort Albany de 1986 à 1996), Leo Friday (chef de Kashechewan de 2000 à 2006) et le chef Shining Turtle de la Première Nation anishinabée de Whitefish River (chef de 2003 à aujourd'hui) – ne connaissait le processus intervenant dans l'attribution du financement ni le mode d'évaluation des projets. Ainsi, on comprend difficilement pourquoi Fort Albany bénéficie d'une protection contre les inondations, mais pas Kashechewan. Ou encore pourquoi Fort Albany a de l'eau potable, mais pas la Première Nation de Neskantaga ni en fait 75 000 personnes. Pourquoi certaines réserves – la Six Nations of the Grand River du sud-ouest de l'Ontario, par exemple – disposent d'un service des incendies, alors que plusieurs autres n'en ont pas, y compris certaines qui ont fait les nouvelles après que des enfants sont morts dans des incendies (par exemple la Première Nation de St. Theresa Point et la communauté de God's Lake Narrows, toutes deux au Manitoba)[7]. Les réserves sont forcées de jouer à une loterie dont les prix sont les nécessités mêmes de la vie, soit l'eau potable et de la nourriture abordable.

Ces problèmes ne se limitent pas à Kashechewan, loin de là. La plupart des réserves les connaissent, comme cela a été démontré en 1996 dans le rapport de la Commission royale sur les peuples autochtones (CRPA), dans lequel on soulignait que, à cause de leur structure financière, les réserves ne pouvaient bien fonctionner ni faire usage de leurs pouvoirs pour gouverner avec équité, efficacité et sens de la responsabilité. On y décrivait en détail le sentiment inévitable de frustration qu'engendre ce système de gouvernance et les délais qu'il entraîne. Le rapport allait encore plus loin, expliquant que le fait de saisir les limites attachées à la gouvernance des Premières Nations signifiait qu'on acceptait la stagnation inhérente au système et cela exigeait que l'on comprenne les nombreuses manières dont on a délibérément appauvri les réserves.

Selon le rapport, depuis le XIXe siècle, les Premières Nations ont été appauvries de six manières : on leur a retiré la richesse minière ; on les a éloignées des ressources naturelles – forêts, lacs et rivières ; on leur a pris leurs terres, en les « volant » et en les « fraudant » (CRPA) ;

on les a empêchées d'établir leurs propres industries sur leurs terres ancestrales ; on les a empêchées de démarrer leurs propres entreprises ; à cause du racisme endémique, elles ont été écartées des emplois hors réserve.

Quand on retire à une communauté la possibilité de générer des ressources, quand on prive sa population de la possibilité de gagner sa vie, alors, selon la CRPA, on crée la situation dans laquelle se trouvent présentement les Premières Nations, à savoir la pauvreté racialisée. Les statistiques le confirment. Selon Statistique Canada, 92 p. 100 des 100 communautés les plus pauvres au Canada sont autochtones. La moitié des enfants des Premières Nations vivent dans la pauvreté. Au Canada, le revenu moyen des membres des Premières Nations résidant dans les réserves est de 14 000 $[8], comparativement aux 33 000 $ que gagne en moyenne le reste de la population, soit moins de la moitié.

« Les comptes rendus historiques en disent long sur l'appauvrissement actuel de la plupart des communautés autochtones, écrivait-on dans le rapport. Cela nous en apprend également beaucoup sur les facteurs qu'il faut corriger dans le but de favoriser un développement qui répond aux priorités des Autochtones. »

Pour surmonter l'héritage toxique, le Canada ne peut pas simplement s'en tenir au *statu quo*, estimaient les membres de la CRPA. Le système ne se corrigera pas de lui-même par magie. Pour rectifier une erreur historique, il faudra une action positive soutenue, indiquait-on. Il devait y avoir une sérieuse redistribution des droits, des terres et des ressources, et une prise de position claire contre le racisme. Sans une bonne base économique, la gouvernance des Premières Nations à Kashechewan et dans les autres réserves resterait « une entreprise illusoire et inutile ».

Tandis que j'attends à l'extérieur, je me pose la question : M. Solomon se demande-t-il parfois si son travail est une entreprise illusoire et inutile ? Considérant le discours passionné qu'il a livré lors de la fête de l'Action de grâce et sa sollicitude envers ceux qui demandent son aide, cela ne semble pas être le cas. Je suis maintenant en tête de file et je réfléchis à ce que je vais lui dire quand le réceptionniste, un homme dans la trentaine, m'annonce que le chef est requis pour une réunion du conseil de bande et me demande de revenir le lendemain.

L'attente se poursuit donc. Le lendemain, on me dit qu'il est à Timmins pour des réunions. Cette longue attente devant son bureau n'est pas de son fait, mais de celui du Ministère. C'est comme un état soviétique satellite : les attentes de plusieurs années sont chose courante et les demandes se perdent parfois en cours de route. La manière la plus rapide de contourner la bureaucratie consiste à rencontrer en personne un représentant du Ministère ; c'est, paraît-il, ce que M. Solomon est en train de faire.

Les réserves qui veulent se libérer de la pauvreté doivent faire une demande au Ministère. Songez à la nation crie d'Onion Lake (Saskatchewan), qui se trouve à 20 minutes au nord de Lloydminster. Comme ceux de Kashechewan, les gens d'Onion Lake s'enorgueillissent d'être autonomes. Cependant, au début des années 1990, cette ancienne communauté de chasseurs avait connu les mêmes changements économiques, et 80 p. 100 de la population recevait des prestations sociales. Mais les choses semblaient s'améliorer : la Première Nation avait trouvé un partenaire prêt à investir dans la production de pommes de terre. Ils avaient besoin que le Ministère leur émette un permis de construction. On a donc fait la demande, puis on a attendu. Et attendu encore. Au final, l'investisseur s'est lassé d'attendre et est allé investir son argent ailleurs.

Autre exemple, celui de la Première Nation Beardy's et Okemasis' de Duck Lake, en Saskatchewan. Comme ceux de la Première Nation d'Onion Lake, il s'agit de Cris des plaines dont le mode de vie était jadis associé à la migration des bisons. Après avoir chassé ces animaux presque jusqu'au point d'extinction, ils ont vu leurs revenus chuter et leur source de travail disparaître. En 2012, cette communauté s'est diversifiée et a réussi à faire baisser son taux de chômage à 30 p. 100. Le redressement a été rendu possible grâce à un partenariat avec le gouvernement fédéral pour l'ouverture du pavillon de ressourcement de Willow Creek, une des premières prisons fondées sur les principes autochtones voulant que les Aînés de la communauté rendent visite aux prisonniers et mettent l'accent sur la croissance personnelle et la réhabilitation. Pour stimuler davantage la croissance économique, les dirigeants se sont adressés à la Mennonite Farming Association afin que des jeunes de la communauté acquièrent une formation en agriculture. Les Mennonites sont enthousiastes vis-à-vis de ce projet mais, au moment d'écrire ces lignes, le programme n'a toujours pas reçu l'aval du Ministère.

Songeons aussi à l'Okanagan Indian Band. C'est l'une des huit réserves qui forment l'Okanagan Nation Alliance, dont le territoire traditionnel est transfrontalier, c'est-à-dire qu'il couvre une partie de l'État de Washington et une partie de la Colombie-Britannique. La réserve met l'accent sur la croissance économique par le moyen d'une industrie durable. Elle se trouve dans une splendide région de l'Ouest, à la nature luxuriante et qui est réputée pour ses vignobles, ses sports aquatiques et son saumon sockeye. En 2007, Joyce Beattie et son partenaire James Louie décidaient de construire des propriétés dans la réserve Okanagan. Cette fois, contrairement à ce qui s'est produit pour la Première Nation Beardy's et Okemasis', le Ministère a répondu. Il a affirmé que la pratique était illégale, le loyer – 1 $ – étant trop bas. Pour obtenir l'autorisation, il aurait fallu que M. Louie engage un avocat et un arpenteur-géomètre afin d'obtenir un loyer adéquat. Comme il avait déjà un arrangement avec Mme Beattie et qu'ils s'étaient entendus sur le prix, M. Louie a refusé. On a échangé des lettres durant quelques mois, mais comme l'entente avec les investisseurs tirait à sa fin, Mme Beattie et M. Louie ont porté l'affaire devant le tribunal canadien des droits de la personne, qui a conclu que les lois actuelles traitaient les habitants des Premières Nations comme des enfants. En réponse, il a servi un avertissement[9] au Ministère, l'exhortant à faire attention à la manière dont il interprétait les lois actuelles. La législation n'a toujours pas changé. L'attente imposée par le gouvernement continue d'enfermer les Premières Nations dans la pauvreté.

La situation n'est pas seulement vaine, explique Leo Friday, ex-chef de Kashechewan, elle est également inextricable. Pour se sortir de la pauvreté, la réserve a besoin de capitaux. Sans investissement privé, les fonds doivent provenir du Ministère. Mais ce dernier ne lui prêtera pas d'argent parce que, vu l'absence d'emplois, aucun revenu ne permettra de rembourser le prêt. Ce qui signifie qu'elle n'a pas l'argent pour créer de l'emploi et ne peut se sortir de la pauvreté : « Le

Ministère nous répète qu'il ne peut nous prêter de l'argent que si nous avons un programme de redressement financier, explique Reuben. Mais nous ne pouvons mettre sur pied un tel programme étant donné qu'il nous faut des emplois pour générer de l'argent. »

Les premiers plans destinés à mettre sur pied des programmes de création d'emploi gérés par les Autochtones sont apparus au milieu des années 1980. Jusque-là, malgré leur volonté de le faire, le conseil de bande et les chefs avaient les mains liées. Kashechewan était dirigée par des agents des Indiens, qui prenaient l'avion jusqu'à la réserve et dictaient eux-mêmes les politiques et les règlements. En théorie, les réserves pouvaient s'autogérer, mais seulement à la condition de se sortir d'une autre solution inextricable, à savoir prouver que leurs compétences technologiques étaient suffisantes pour qu'elles puissent gérer les programmes sociaux créés par le Ministère. Comme tous les Autochtones étaient alors requis, par la loi, de fréquenter les pensionnats (où le taux de décrochage était d'environ 80 p. 100), cela signifiait que la plupart des gens qui, en théorie, auraient eu les connaissances requises pour gérer les réserves, dans les faits savaient à peine lire et écrire. En l'absence de bonnes écoles, le Ministère décidait souvent, sans mettre à l'épreuve les gens de la réserve ou leur faire passer une entrevue, que les dirigeants n'avaient pas la qualification requise pour gérer leurs propres affaires, si bien que les agents des Indiens débarquaient tous les quatre mois pour leur dire quoi faire.

C'était une pratique courante jusqu'en 1985. À ce moment-là, la révolution pour les droits civils qui s'était répandue dans toute l'Amérique du Nord a donné naissance aux premiers organismes autochtones canadiens, tels que la Fraternité des Indiens du Canada, l'Union of British Columbia Indian Chiefs et la Federation of Saskatchewan Indian Nations. Ces organismes, de même que la nouvelle Assemblée des Premières Nations (APN), ont demandé de meilleures conditions de vie dans les réserves. En 1985, la pression et la sensibilisation à la cause des Autochtones augmentant, des changements majeurs ont été apportés à la *Loi sur les Indiens*. Des réserves comme celle de Kashechewan étaient désormais responsables de leur propre développement.

Les dirigeants se sont alors réunis pour réfléchir à divers moyens de mettre fin à la pauvreté. Au bout de deux mois, ils ont proposé un projet visant à créer le premier programme d'emplois géré par des Autochtones et destiné à s'attaquer au chômage, qui était alors de 90 p. 100, soit un élevage piscicole écologique dans la région. En effet, la rivière Albany est réputée pour son eau fraîche et propre, ainsi que pour ses courants forts, conditions idéales pour bien des espèces de poissons nordiques, notamment le doré jaune, le brochet et la truite. Le conseil de bande a colligé de l'information sur l'environnement, la manipulation des poissons, les croisements, les taux de croissance et les marges de profit. Ils ont préparé une proposition et un budget et ont fait parvenir le tout à l'AANC. On a estimé que le projet pilote coûterait environ 6 000 $. On ne sait pas pourquoi Ottawa a cru que c'était un mauvais projet; la réserve a bien fourni un programme d'exploitation et un plan budgétaire détaillé, mais elle n'a jamais obtenu de réponse. Aujourd'hui, le Ministère dit n'avoir aucune preuve de l'existence d'une telle demande. Trois mois plus tard, les dirigeants ont même soumis de nouveau le matériel et, une fois de plus, ils n'ont pas obtenu de réponse.

Comme le conseil de bande n'a reçu aucune explication officielle justifiant le refus du projet, on s'est demandé s'il y avait un élément dans la proposition qui entrait en contradiction avec l'un ou l'autre des multiples articles de lois et procédures auxquels doit satisfaire tout projet de développement avant d'être approuvé par les Affaires autochtones et du Nord Canada. Peut-être que le Ministère ne voulait-il pas d'une ferme piscicole. Ou peut-être que les sommes impliquées ou le projet piscicole risquaient de contrevenir aux articles de la *Loi sur les Indiens* qui interdisaient aux Autochtones de faire des affaires entre eux, sauf si la transaction était approuvée par le Ministère, articles qui n'ont été révoqués qu'en décembre 2014[10].

Malgré l'absence de réponse, les dirigeants ont encore tenté leur chance en 1986, en proposant cette fois d'aménager des marais salants sur la côte sud de la baie James. Ils commenceraient par une exploitation à petite échelle, avec quelques cuvettes de collecte en métal; ils laveraient le sel dans la baignoire d'une maison proche. Si la chose fonctionnait, ils prendraient de l'expansion. Le projet pilote coûterait 2 000 $.

L'AANC n'a pas répondu. Les dirigeants autochtones ont écrit de nouveau au Ministère. Cette fois, on leur a expliqué la raison du rejet: pour être offert à la vente, le sel ainsi produit devrait être analysé par les autorités sanitaires. Or, ils n'avaient pas les ressources nécessaires pour mettre une telle chose en place. Imperturbables, l'année suivante, ils ont présenté un autre projet, soit celui de démarrer une pépinière au coût de 5 000 $. Ottawa a refusé. Le budget ne permettait pas de créer des emplois. Et ainsi de suite au fil des ans, la réserve proposant d'autres projets destinés à créer des emplois pour les Autochtones et le Ministère inventant des manières encore plus créatives de les refuser. Il y a eu le projet d'extraction d'argile évalué à 15 000 $ en 1991, ceux d'une porcherie à 10 000 $ en 1993, d'une cour à bois à 15 000 $ en 1993, d'une serre à 20 000 $ en 1995 et d'une ferme laitière à 20 000 $ en 2000. «Tout ce qui est imaginable, nous y avons pensé, explique Reuben. Nous avons tenté à peu près tout ce qui est possible au cours des 30 dernières années. Nous leur faisons parvenir des plans budgétaires et des propositions. Mais rien ne change.»

Cinq semaines après ma première tentative d'interviewer M. Solomon, nous finissons par nous rencontrer. Trente-cinq jours, ça peut sembler une longue attente pour obtenir une interview mais, pour Kashechewan, c'est court. Beaucoup plus court que les 15 ans que Roxanne Hughie a dû attendre pour avoir une nouvelle maison. Ou encore, que les deux années qu'Arthur White a dû attendre pour obtenir un emploi dans la construction. Cependant, je n'ai pas la patience de mes amis cris et, en conséquence, j'en ai marre et je suis frustrée.

Le chef Solomon parle de tout et de rien. Il me demande ce que j'ai pensé de la fête de l'Action de grâce. Je lui dis que c'était touchant; il sourit. Il veut aussi savoir si j'apprécie Kash. Je mens et réponds par l'affirmative. Puis, comme je suis nerveuse, je ne le questionne pas sur les rumeurs de canular, mais plutôt sur ce qu'il sait de la crise d'*E. coli* de 2005. Il me dit que je devrais communiquer avec le chef d'alors, Leo Friday, qui est désormais grand chef du conseil Mushkegowuk de Moose Factory. Me voilà de retour à la case départ.

Chapitre 4

Une piste au dépotoir

La meilleure façon de tuer un homme,
c'est de le payer à ne rien faire.
FÉLIX LECLERC

Au début de novembre, j'étais désespérée. J'avais 5 050 $ de dettes, quelques oiseaux en mélèze, la rumeur d'un scandale concernant l'eau, mais guère autre chose. Cela aurait dû m'indiquer qu'il était temps de faire mes bagages et de retourner chez moi, d'autant plus que, depuis mon arrivée, ma frustration et mon malaise ne cessaient de croître. Mais, malheureusement, on ne peut prédire le futur. En outre, je ne voulais pas devoir admettre devant Jill, mes amis et les membres de ma famille que, malgré tout le temps et l'argent que j'avais investis, j'avais échoué. Je craignais que la CBC n'en vienne à croire que j'étais le genre de personne à promettre des choses sans les mener à terme. Je me suis donc mise à la recherche de travail.

N'eût été de Chris Mead, il ne me serait probablement pas venu à l'esprit de chercher du travail dans un endroit où le chômage atteint les 86 p. 100. Cet homme de 41 ans, qui dirigeait le programme scolaire d'alimentation et de nutrition, avait décidé de mettre à profit ses temps libres pour s'immerger dans la communauté; il travaillait donc quelques heures dans un magasin tenu par Bobby Wynne. Au bout de quelques mois, on s'était séparé de lui, en partie parce qu'on manquait de travail, en partie parce qu'il essayait de vendre aux clients des produits plus sains, par exemple du jus plutôt que des boissons gazeuses, bien que personne n'eût les moyens d'en acheter.

En travaillant pour Bobby, Chris avait appris quelques mots de cri et acquis une meilleure compréhension de la culture locale. L'effet qu'il exerçait sur la communauté était visible. Tous parlaient de lui en bien. On disait qu'il était juste et que, en dépit de la couleur de sa peau, il ne méprisait personne.

En arrivant chez Bobby, je me suis sentie aussitôt à l'aise. De la taille d'une grande salle de séjour, son magasin est non seulement l'un des plus grands en ville (outre le Northern), mais il offre le plus grand choix d'aliments. On y trouve, bien sûr, des boissons gazeuses, du café et des croustilles de pommes de terre, mais aussi de la viande en boîte, du chili et des articles ménagers.

Quand je lui demande comment il y est arrivé, il me dit qu'il a mis 27 ans avant d'ouvrir. Son père lui ayant appris à trapper, il a commencé à travailler à 17 ans comme accompagnateur de touristes. Au bout de quelques années, il a trouvé du travail supplémentaire dans le domaine de la construction et les soins aux personnes âgées; il a mis de côté le moindre sou gagné jusqu'à ce qu'il ait amassé 120 000 $, de quoi acheter le bois pour construire lui-même le magasin.

Malheureusement, il n'a pas de travail à offrir pour l'instant, mais me conseille de repasser dans trois mois. Il commencera alors à vendre des mets à emporter – burgers, poulet et frites – et pourrait avoir besoin de quelqu'un pour cuisiner.

Le commerce suivant est celui de Philip Goodwin, où l'on vend du café, des croustilles, du chocolat et, dans le fond, des aliments frits. Il loge dans un bungalow légèrement plus petit que celui de Bobby. M. Goodwin n'a pas d'emploi à offrir à ce moment-là et me suggère lui aussi de repasser dans quelques mois.

Même chose chez Henry's.

Qu'il existe des commerces à Kashechewan est, en soi, un petit miracle. En théorie, tout commerce est interdit dans la réserve en vertu de l'article 92 de la *Loi sur les Indiens*[1]. D'autres lois rendent la chose difficile. Les fournisseurs et les investisseurs doivent obtenir la permission préalable d'Ottawa. Toute décision concernant la terre – son emploi, le genre de commerce qu'on peut y exploiter, les conditions de l'investissement – doit d'abord recevoir l'aval du Ministère. Selon les mots de Ron Abraira, directeur du groupe de développement économique de Kahnawake, qui a témoigné à la Commission royale sur les peuples autochtones, « la *Loi sur les Indiens* nous lie les mains. Elle stipule qu'on peut avoir tous les commerces qu'on souhaite à la condition qu'ils n'excèdent pas la taille d'un kiosque de frites. Cela a pour effet de perpétuer l'économie souterraine[2] ».

Ces règles étranges sont le reflet des attitudes propres au XIXe siècle. À l'époque, le Ministère estimait que la richesse corrompait les Autochtones. Selon les croyances ayant cours alors, « leur état de sauvage » avait quelque chose de bon et d'honnête, mais cette innocence s'avilissait quand ils entraient en contact avec l'argent et la modernité. Ils devenaient des « biens endommagés ». Le « bon sauvage » disparaissait et, selon ce qu'on retrouve dans les discussions des parlementaires canadiens, il était remplacé ou bien par un ivrogne ou bien par un séducteur[3]. Afin d'être « préservés » du vice qui pavait la route vers l'influence et le pouvoir, les gens des Premières Nations devaient être dirigés.

Dans le but de contourner ces lois, la plupart des commerces tenus par des Autochtones sont dépourvus d'affiches, de devanture ou de store ; ils ressemblent à toutes les maisons du coin. Question bilan, ils sont également invisibles, n'acceptant que l'argent comptant.

La pauvreté en surface est en tout à l'opposé des richesses souterraines. Certains des dépôts de pierres précieuses et de minéraux les plus importants du pays ont été tirés de la région entourant Kash ; c'est un craton très ancien, idéal pour la minéralisation. La plupart des cratons sont profondément enfouis, ce qui rend leur accès difficile, mais ceux de la baie James ont été repoussés à la surface sous l'effet des températures extrêmes et de l'érosion climatique. Le plus gros diamant rose du Canada a été extrait près d'ici, à la mine de diamant De Beers Canada Victor, en 2012. On dit que la valeur par carat des diamants en provenance de là est la deuxième plus élevée au monde.

Avant de venir à Kashechewan, je me serais attendue à ce qu'une partie de ses richesses se reflète dans l'économie de la réserve. Selon de nombreux chercheurs universitaires et les médias, c'est ce qui est censé se produire normalement. Le *Globe and Mail* soutient que « l'industrie minière sortira les Premières Nations de la pauvreté[4] »; le magazine *Canadian Mining* est du même avis : « C'est la seule forme de développement économique qui permettrait d'améliorer les conditions de vie des communautés des Premières Nations[5]. »

Bien des gens ont cru que, quand Kash a signé, en 2009, l'Entente sur les répercussions et les avantages (ERA) avec De Beers, il y aurait création d'emplois et de richesse pour la communauté. On peut facilement comprendre comment cette idée est née. L'entreprise ne révèle pas ses recettes mais, à supposer que la mine fonctionne à sa capacité maximale de 600 000 carats de diamants par année et compte tenu que le carat actuel vaut 520 $ CAN (400 $ US), ses revenus seraient d'environ 3,8 milliards de dollars par année (2,9 milliards de dollars américains).

Diverses personnes interviewées m'ont dit qu'il était difficile pour les Premières Nations pauvres de négocier l'ERA avec une firme comme De Beers parce qu'on ne peut se permettre de retenir les services coûteux d'avocats spécialisés, étant donné que le conseil de bande est cogéré (en d'autres mots, trop endetté pour gérer ses propres affaires) et que la pauvreté y est digne du quart-monde.

Kashechewan a reçu de l'argent de De Beers – 19 millions de dollars – bien qu'elle n'y ait pas encore touché, la communauté souhaitant disposer d'un filet de sécurité afin de faire face aux crises actuelles, explique Oliver Wesley, directeur du secteur de l'éducation. Ce sur quoi ils comptaient, c'étaient des emplois : « C'était l'accord initial entre De Beers et nous. C'était dans le protocole d'entente. On devait créer des emplois. Il devait y avoir des redevances et un partage des revenus. Cela ne s'est pas produit. »

En fait, la partie de l'ERA touchant l'emploi est plus subtile. Ce qui y est promis relève plus du principe directeur que d'un nombre concret d'emplois. On y annonçait qu'il y aurait des possibilités d'optimiser la participation aux affaires en mettant de l'avant et en encourageant le recours à des commerces [autochtones] autorisés ou leur développement pour la fourniture de services, chaque fois que c'était possible et praticable. Aussi, on devait donner aux Autochtones la priorité dans toute activité liée à un projet se déroulant sur leurs terres, mais seulement si les personnes démontraient qu'elles avaient les compétences et la qualification pour ce travail[6].

Étant donné la modernisation de la profession, les termes auxquels on a recours ont de l'importance. Les hommes coiffés d'un casque et pelletant du charbon pour un salaire de misère ne dominent plus l'industrie. Le travail dans les mines est désormais spécialisé et de haute technologie. N'importe quel emploi offert par les compagnies minières exige pour le moins un diplôme de l'école secondaire, qu'il s'agisse d'un poste de col blanc, par exemple de directeur financier ou d'aménageur, ou de celui d'un opérateur de machinerie, dont le boutefeu, l'opérateur de broyeur et l'électricien. Même les gardes de sécurité doivent avoir terminé au moins leur 12e année. Selon le journaliste et expert en carrières, Philippe Dozolme, il est inutile en outre d'essayer de mettre un pied dans la boîte si l'on est frais émoulu de l'école. « Le jeune homme qui commence comme aide auprès des mineurs expérimentés et apprend le métier sur le tas est plutôt une image du passé », écrit-il dans un article intitulé « Top ten things you should know before searching for a mining job » (Dix choses que vous devriez connaître avant de vous mettre en quête d'un emploi dans le secteur minier). « La complexité croissante du processus minier et de la technologie exige aujourd'hui un niveau de compétences beaucoup plus élevé, y compris dans le domaine de l'informatique. »

Cela conviendrait parfaitement si les réserves des Premières Nations telles que celle de Kashechewan avaient un très bon système d'éducation permettant de démontrer qu'il y a là des gens possédant les compétences et la qualification requises. Or, ce n'est pas le cas. En conséquence, pratiquement tout le monde qui vit à proximité de la mine – dont les membres des réserves de Kashechewan, de Fort Albany, de Marten Falls, de Moose Cree, de Weenusk et d'Attawapiskat – est issu d'une Première Nation, alors que la plupart des gens qui y travaillent ne le sont pas. Selon Julie Wesley, qui était jadis à l'emploi de De Beers Canada Victor pour l'entretien des résidences du personnel, quelques personnes de la communauté y travaillent parfois. Cependant, ces gens ne sont pas employés directement par De Beers, mais plutôt par la firme Attawapiskat Catering LP, qui fournit à la mine des services d'ordre domestique, tels que l'entretien, la conciergerie et la cuisine.

Les quelques misérables emplois de cuisinier et de préposé à l'entretien payés au salaire minimum qui sont affichés sur le tableau du conseil de bande suscitent beaucoup d'enthousiasme. La plupart du temps, les gens de la place n'élèvent pas la voix; je n'entends jamais non plus de gros rires. Mais devant le tableau, il y a un véritable brouhaha. Les gens s'approchent et sourient en voyant les offres d'emploi et, contrairement à ce qui se passe à l'épicerie, ils se regardent dans les yeux. Certains se saluent en cri en disant: « *Wachay!* » J'aimerais me sentir heureuse pour eux, partager leur enthousiasme, mais je ne peux m'empêcher de me demander combien de centaines de personnes vivant dans les autres réserves à proximité de la mine sollicitent le poste affiché.

Curieuse de savoir si la situation concernant la mine devrait faire partie d'un radio-documentaire possible sur Kashechewan, je me tiens au tableau en posant des questions. Après avoir sollicité des entrevues auprès d'une demi-douzaine de personnes, j'obtiens une première réponse positive de la part d'Arthur White.

« On peut se parler, dit-il, mais pas ici. Des gens pourraient entendre.

— D'accord. Où pouvons-nous aller? »

Il montre la porte.

Dehors, Arthur explique ses raisons. Il a entendu dire que je posais plus de questions que je ne le devrais, des questions n'ayant pas à voir avec la station de traitement de l'eau, sujet censé constituer la raison de ma présence en ce lieu. En élargissant ma recherche, je sape l'entente initiale. Je viole les règles, poursuit-il, et cela rend tout le monde nerveux.

Je comprends. J'espérais écrire quelque chose sur la station de traitement de l'eau, mais un article qui aurait pour titre « Un chef des Premières Nations a réglé le problème du système de filtration » ne peut guère faire vendre un journal. Je lui dis que, une fois sur place, j'ai entendu toutes sortes d'histoires et j'ai pu me rendre compte des conditions de vie. Je pense qu'il y a là beaucoup plus à raconter.

« Ouais, dit-il. On est piégés.

— Comment cela ? »

Il secoue la tête. Il ne veut pas parler au grand jour.

Nous nous éloignons du bâtiment du conseil de bande tout en discutant d'un endroit où nous pourrions nous rencontrer. Il veut bien parler, mais seulement dans un endroit intime. Plus facile à dire qu'à faire. La réserve manque d'aménagements et d'espaces publics. Nulle place où se rencontrer, ni parc, ni café, ni restaurant, ni bar isolé. Nous ne pouvons aller chez moi, le placard à balais qui me sert de chambre étant dépourvu de porte. Bien qu'il soit l'un des rares de la réserve à vivre seul, Arthur est tout de même nerveux à la perspective qu'on se rende chez lui ensemble, craignant que les voisins ne parlent.

Nous décidons de nous rencontrer un peu plus tard au dépotoir qui se trouve aux abords de la ville. En effet, l'endroit présente de nombreux avantages. Étant donné que nous sommes à la mi-novembre, les ordures sont partiellement gelées si bien qu'elles ne dégagent pas trop de mauvaises odeurs. Comme il est situé à 500 mètres de la réserve et est entouré d'arbres, on y entend peu le bruit des VTT, des camions et des voitures qui ronflent en traversant la ville. Enfin, bien qu'on y vienne à l'occasion durant les week-ends pour récupérer des objets, en semaine, comme c'est le cas aujourd'hui, le dépotoir est désert.

Nous arrivons séparément 90 minutes plus tard. Heureusement, il n'y a personne d'autre. L'endroit est d'une beauté fanée : les meubles s'empilent en équilibre instable sur le toit des voitures. On y trouve peu de nourriture, plutôt des objets en métal à peine usagés – voitures, camions, réfrigérateurs, cuisinières, bicyclettes – qui ont été jetés là non pas parce qu'ils sont inutilisables, mais parce qu'il n'y a pas d'outils pour les réparer.

En marchant, Arthur, qui est âgé de 33 ans, me raconte son histoire. Elle ressemble à celle de bien des gens de la réserve. Il s'est spécialisé dans la chasse à l'oie. Dans les années 1950, à l'époque de ses grands-parents, cela aurait suffi pour survivre. Mais de nos jours, les prix et les captures ne sont pas ce qu'ils étaient et, comme la plupart des siens, il survit grâce à son allocation de chômage de 383 $. Parfois, il trouve un travail à temps partiel comme pompiste, dans la construction ou à la collecte des ordures. C'est tout. Bien de ses amis ont renoncé, dit-il. Ils regardent la télé, se contentant d'essayer de trouver assez d'argent pour manger jusqu'à leur prochain chèque.

Il croit que sa situation n'est pas viable. Sans un salaire, il ne peut se permettre de manger sainement. Il survit plutôt en consommant du macaroni au fromage, de la viande en boîte et l'occasionnel oiseau sauvage alors qu'il a envie de fruits et de légumes frais. S'il pouvait manger mieux, il aurait l'énergie pour aller chasser plus souvent.

Il ne peut ni rester à Kash ni partir. Il est au chômage depuis deux ans. Il n'a pas beaucoup d'instruction non plus, car il a abandonné ses études secondaires pour s'occuper de ses grands-parents mourants. S'il quitte la réserve, il craint de finir dans la rue. Il a entendu les récits de gens de Kash qui s'étaient rendus dans le sud de la province pour travailler et, n'ayant rien trouvé, étaient revenus sans un sou ou étaient devenus itinérants.

«Vous pourriez aider, lui dis-je.

— Comment ?

— En faisant connaître les conditions de vie sur la réserve. En racontant ce qui s'y passe vraiment.

— Vous pensez que ça peut changer quelque chose ? me demande-t-il.

— Oui.»

Nous nous asseyons sur le capot d'une voiture rouillée. Je l'interviewe en profondeur. Il a entendu dire que la crise de l'eau n'était pas ce qu'on en avait dit. Mais il est peu au fait des détails : il ne sait pas qui, parmi les dirigeants de Kashechewan, était impliqué ou comment les choses ont été organisées. Heureusement, il connaît un détail révélateur : on a utilisé l'eau de la rivière comme accessoire, en quelque sorte. C'est que, à la fin d'octobre 2005 ou par là (il n'est pas certain des dates), l'eau du robinet était potable. Or, pour convaincre les représentants officiels attendus que la crise se poursuivait, il fallait qu'elle soit imbuvable. Je lui dis qu'il me faut plus d'information, y compris le nom de la personne qui l'a recueillie. Il me répond qu'il s'informera et me le fera savoir.

Je lui demande s'il croit que la crise de l'eau de 2005 a, d'une manière ou d'une autre, été utile à la communauté. Un peu, selon lui. Avant, les gens de Kashechewan étaient encore plus désespérés qu'aujourd'hui. Ils avaient tenté d'améliorer leur situation au moyen de projets de production alimentaire et de programmes de création d'emplois. On leur avait promis de l'aide. Mais, chaque fois, les promesses s'étaient révélées fausses. Il soutient que, si je veux comprendre pourquoi les dirigeants ont fait ce qu'ils ont fait, je dois me demander pourquoi les relations entre Kashechewan et le Ministère se sont détériorées.

Cette dynamique de l'échec n'a pas toujours existé. À quelques reprises au cours de son histoire, Kashechewan a été sur le point de voir son sort se transformer. Mais cela ne s'est jamais produit, ce qui pourrait expliquer, comme je commence à le croire, qu'on ait posé ce geste désespéré consistant à monter de toutes pièces une crise de l'eau. Étant donné ce qu'Arthur m'a raconté, cela semble tout à fait vraisemblable.

Tout cela a commencé en 1978 avec le pétrole. Le premier choc pétrolier remontait à cinq ans; les coûts de l'énergie paralysaient alors le Canada, à l'exception de l'Alberta. Le pipeline de la Mackenzie Valley était censé résoudre une partie du problème en alimentant en gaz naturel le Nord de l'Alberta, mais l'enquête menée par le juge Thomas Berger lui avait porté le coup de grâce. L'instabilité des conditions mondiales a incité Ottawa à pousser plus loin l'exploration du pétrole. On avait d'abord cru que les roches du Silurien (âgées de 444 millions d'années) se trouvant sur la pointe nord de la réserve étaient trop jeunes pour avoir été exposées aux températures nécessaires à la conversion de la matière organique en hydrocarbures combustibles. Cependant, à la suite du choc pétrolier de 1973, Ottawa s'était mis à chercher dans des endroits obscurs, notamment dans les roches siluriennes du Nord du Manitoba et de l'Ontario. Cinq ans plus tard, ces efforts étaient récompensés: on a découvert un schiste bitumineux allant de la baie d'Hudson au sud des terres de Kashechewan. Cet été-là, les gens du Ministère se sont rendus à la réserve pour annoncer qu'ils souhaitaient développer la ressource.

En apparence, cela semblait la solution idéale pour résoudre les problèmes de la communauté. En 1978, la situation économique était aussi mauvaise qu'elle l'est aujourd'hui. Environ 80 p. 100 des gens vivaient alors de prestations sociales, lesquelles s'élevaient à 120 $ par mois par personne, montant insuffisant pour se nourrir, encore moins pour mener une vie saine. Le développement de la ressource pouvait constituer une solution viable. Il faudrait former du personnel pour travailler au puits. Il faudrait installer des tuyaux. Les lignes de communication devraient être à la hauteur des besoins. L'investissement pourrait stimuler la naissance d'entreprises secondaires. Qui sait, la réserve pourrait peut-être devenir une mini-Edmonton ou une minuscule Houston.

Cependant, le chef Willie Wesley a soudainement eu des doutes. Comme dans d'autres domaines, la loi qui régit les réserves – la *Loi sur les Indiens* – n'était pas de son côté. L'article 53 stipule que la Couronne est responsable de toutes les décisions financières sur la réserve et les terres avoisinantes, et l'article 57[7], qu'Ottawa est en charge de tous les droits miniers. Pour les activistes autochtones, ces clauses signifient en réalité que les Amérindiens n'ont plus la mainmise sur leurs terres, qui appartiennent désormais au gouvernement.

Le chef Wesley a discuté avec les membres du conseil de bande de ce qui serait bon pour la communauté. Il y avait deux choses à considérer : en premier lieu, l'historique, c'est-à-dire ce qui s'était passé au cours des 30 dernières années quand des ressources minières avaient été découvertes sur les terres des Premières Nations, et, en second lieu, la possibilité que les choses soient différentes cette fois-ci.

L'historique rappelait une chose familière. Le déplacement, en 1950, des Cris d'Oujé-Bougoumou[8], dans le Nord du Québec, fournirait le modèle pour les quatre décennies suivantes. Quand on avait trouvé de l'or sur leurs terres, on les avait déplacés vers un endroit marécageux près d'un lac. Non seulement cet environnement humide entraînait-il la formation de moisissures dans leurs maisons mais, de plus, le gouvernement canadien ne les avait pas éloignés suffisamment des résidus miniers. Le chrome, le cadmium, l'arsenic, le zinc et le cyanure avaient commencé à s'accumuler dans le lac Chibougamau à proximité. Albert Mianscum, un Aîné, raconterait plus tard que la majorité des poissons qu'il pêchait présentaient des difformités, dont des plaies rouges, ainsi que des yeux et des nageoires manquants.

(Dans une étude menée en 2005[9], on a observé que la concentration des métaux dans le lac excédait les limites permises en vertu des recommandations canadiennes pour la qualité de l'environnement.) Les Cris avaient alors décidé de s'éloigner de la source de pollution en s'installant dans un endroit sec à deux kilomètres de là. Mais le Ministère avait décrété que ce nouvel emplacement était illégal. Les Cris l'avaient ignoré et s'y étaient installés quand même. Le Ministère les avait traités de squatters et les avait déplacés contre leur gré vers un site sur lequel se trouvaient des cabanes ne comportant qu'une seule pièce et dont le toit était composé d'une toile de plastique.

Les récits de la plupart des déplacements des deux décennies suivantes présenteraient les mêmes points d'intrigue, le même arc narratif et le même acte final. Le développement exigeait de déplacer les gens des Premières Nations, histoire d'avoir la voie libre. La même chose s'était produite en 1952 quand on avait découvert du pétrole en Alberta sur le territoire cri du lac Lubicon. Ou encore, cette même année, quand on avait déplacé les Porteurs (ou Dakelhs) de Cheslatta Lake en Colombie-Britannique afin d'installer la nouvelle fonderie d'aluminium Alcan à Kitimat; ou en 1961, quand la Première Nation Tsay Keh Dene, alors connue sous le nom d'Ingenika, avait été déplacée pour permettre la construction du barrage W.A.C. Bennett dans le Nord de cette même province; ou quand les maisons des Cris de Chemahawin, au Manitoba, avaient été inondées dans le but de construire le barrage de Grand Rapids (1962); quand les Métis de Sainte-Madeleine, au Manitoba également, avaient été déplacés (1935), de même que les Micmacs de la Nouvelle-Écosse (1942) ou les Gwa'salas et les Nakwaxda'xw de la Colombie-Britannique (1964). La liste est longue.

Le chef Willie Wesley était déterminé à ce que les membres de sa communauté ne connaissent pas ce destin de dépossédés, de pauvres n'ayant ni compensation ni recours légaux contre le mal qui avait été fait. Heureusement, il disposait d'un nouvel élément dans son arsenal de négociation. L'année d'avant, on avait été témoin d'une affirmation sans précédent des droits des Autochtones grâce à la publication du rapport Berger. Intitulé *Le Nord: terre lointaine, terre ancestrale*, il représentait un virage important dans la manière dont on avait historiquement occupé le territoire. Lors de ses recherches en vue de rédiger son rapport, le juge Thomas R. Berger avait fait quelque chose de rare, voire d'inusité : il avait écouté ceux qui vivaient sur ces terres. Il avait interviewé les Aînés de 35 communautés et avait découvert que, comme les Cris de Kashechewan, ils n'avaient pas interprété leurs traités – ceux portant les numéros 8 et 11 – comme des dons de terres. Leurs ancêtres les avaient vus comme des accords de paix dans lesquels étaient décrits en détail les conditions sous lesquelles les terres et leurs ressources devaient être partagées. L'enquête du juge Berger a entraîné un changement majeur dans les relations Autochtones-Canadiens, changement qui ouvrirait la voie à l'élaboration des premiers traités modernes avec les Premières Nations, soit le règlement des revendications territoriales du Nunavut qui ont mené à la création du nouveau territoire du Nunavut en 1999 et le traité avec les Nisga'as (Colombie-Britannique)[10] en 2000.

Pour s'assurer que Kashechewan ne soit pas dépossédée, M. Wesley a demandé au Ministère certaines garanties. Il voulait des promesses d'emploi et il voulait avoir son mot à dire dans la manière dont le pétrole serait exploité et dont les profits seraient utilisés. Il demandait également une protection environnementale plus grande que celle qui était garantie par la *Loi sur le ministère de l'Environnement*. Il a présenté ces demandes en personne au porte-parole du Ministère, lequel a fait un signe de tête poli et s'en est retourné à Ottawa. Au cours des mois suivants, le chef Wesley a envoyé quelques lettres. Il n'a jamais reçu de réponse.

Le temps passant, Willie Wesley en était venu à croire que l'absence de réponse du Ministère avait eu pour effet de protéger la réserve. Le juge Berger avait contribué à modifier temporairement le ton des échanges entre les Premières Nations et Ottawa, mais ces progrès reculeraient avec le déplacement des Dénés du lac Hatchet, dans le Nord de la Saskatchewan (1985), pour cause d'exploitation d'uranium. Il y avait également des considérations environnementales. À la fin des années 1970 et au début des années 1980, il y a eu un grand nombre de déversements accidentels de pétrole à grande échelle : le *Bételgeuse*, à Bantry Bay, en Irlande (64 000 tonnes déversées en 1979), l'*Ixtoc* dans le golfe du Mexique (454 000 tonnes en

1979), l'*Atlantic Empress* dans la mer des Caraïbes, à proximité de Tobago (287 000 tonnes en 1979), le *MT Independenta*, dans le Bosphore, en Turquie (95 000 tonnes en 1979) et l'*Irenes Serenade*, dans la baie de Navarino en Grèce (100 000 tonnes en 1980). Par la suite, en 1982, l'absence de réponse du Ministère avait convaincu les gens de la réserve que « toute exploitation pétrolière signifiait qu'ils prendraient tout, ne nous laisseraient rien et détruiraient nos terres », comme l'expliquait Reuben.

En l'absence d'exploitation pétrolière, la réserve s'était tournée vers la production d'électricité. En 1982, on avait opté pour l'énergie éolienne. Les turbines seraient certainement hideuses, mais elles ne violeraient pas les enseignements sacrés des Cris[11], voulant qu'on respecte l'environnement et tout ce qu'il comprenait. Comme c'est l'une des plus venteuses de l'Ontario, la région de la baie James convient parfaitement; marécages, eau libre en abondance et importants écarts de température s'y retrouvent.

Cet été-là, Dan Koosees, le nouveau chef, a invité le Ministère à venir mesurer la vitesse du vent. Quand le chercheur engagé dans ce but est arrivé, M. Koosees lui a demandé d'aller à la baie, là où les vents soufflaient le plus fort. Le chercheur ne l'a pas écouté. Il a mesuré l'intensité du vent – qui s'établit selon l'échelle de Beaufort – à proximité du bureau du conseil de bande. Or, cet endroit se trouve au centre d'un creux – c'est le point le plus bas à 150 kilomètres à la ronde – où le vent est le moins intense. M. Koosees n'a jamais reçu les résultats chiffrés. Il a plutôt reçu une lettre lui annonçant ce qu'il soupçonnait déjà : absence de vent.

À ce jour, aucune des ressources naturelles de Kashechewan n'a été exploitée. Diverses personnes ont trouvé ce qui pourrait ressembler à des pépites d'or dans les rivières à proximité de la réserve, mais personne n'a communiqué avec le Ministère ou des investisseurs privés pour les inviter à analyser les cailloux. « Nous ne voulons pas qu'ils nous éjectent de nos terres, explique Arthur. C'est notre maison. »

Il se tait. J'ai froid. Il me prête ses gants et me ramène à la réserve sur son VTT. En cours de route, je réfléchis à ce qu'il m'a raconté. Je m'approche du moment où je pourrai confirmer que la crise de l'eau a été en partie montée. Mais connaissant mieux l'histoire de la réserve, les contours de la justice se troublent et je ne suis plus certaine de savoir qui trompe qui.

Chapitre 5

Aide sociale

Un Ministère pour les gouverner,
Un Ministère pour les trouver,
Un Ministère pour les amener tous et,
dans le noir, les contraindre.

THOMAS KING, romancier cherokee

En toute autre circonstance, j'aurais probablement tout raconté à Emma et à Ken, mon voisin de dessous, je leur aurais administré un gros baiser mouillé et j'aurais acheté une bouteille de champagne pour célébrer la piste que je venais de découvrir. Mais Kash est une réserve où l'alcool est interdit. Autrement dit, on ne peut en acheter que d'un contrebandier. Une bouteille de vodka de 500 ml coûte 200 $. De plus, Arthur m'avait confirmé la rumeur voulant que le chef Solomon m'ait autorisée à venir sur la réserve à la condition expresse que j'écrive un article sur la station de traitement de l'eau qu'on avait remise en fonction. Je ne savais pas si Ken et Emma connaissaient aussi cette rumeur, mais je ne voulais rien dire qui risquait de remettre en question sa véracité. S'ils savaient, ils seraient dans la même situation que moi : ils devraient ou bien perpétuer mon mensonge ou bien admettre que j'avais trompé le chef au Delta Chelsea de Toronto et que je n'avais ensuite rien tenté pour corriger le malentendu.

La piste donnée par Arthur était un coup de chance mais, en général, j'avais du mal à trouver des gens avec qui bavarder, encore moins interviewer en profondeur. C'est un problème de confiance – ils ont l'habitude que de mauvaises choses leur arrivent. Des étrangers ont commis des crimes dont des abus dans les pensionnats, ils ont perdu leurs terres, ils ont été arrêtés durant la période d'interdiction du *potlatch*, on leur a enlevé leurs enfants lors de la rafle des années 1960 et on ne leur a apporté aucune aide en dépit des promesses affirmant le contraire.

De plus, je suis journaliste. Même si je ne rapporte rien d'autre que les faits, ce qu'on me dit pourrait nuire à la communauté. C'est l'opinion des quelques chefs interviewés après mon départ de la réserve, de même que celle de Hugh Shewell, directeur régional pour le Ministère de 1983 à 1988, professeur à l'école de travail social de l'Université Carleton et auteur du livre *Enough to Keep Them Alive: Indian Welfare in Canada, 1873-1965*. La responsabilité potentielle se résume à l'argent. À Kashechewan, ainsi que dans bien d'autres réserves, tout le financement vient du Ministère. En théorie, ça ne devrait pas avoir d'importance. Mais, comme avant, la théorie et la pratique divergent, du moins pour ceux qui vivent la situation. Ce n'est pas ce qui est dit, mais ce que cela implique, et le fait que le Ministère bloque tout dialogue. Personne ne vous dit: « Si vous nous critiquez, nous ne vous donnerons pas d'argent. » On obtient le même effet, mais de manière plus subtile, selon Franklin Paibomsai (qu'on appelle Shining Turtle), chef de la Première Nation de Whitefish River en Ontario: « Ils nous disent que si on ne veut pas travailler de concert avec eux, alors ils ont d'autres projets ailleurs. »

Ceux qui critiquent le système peuvent voir leur financement se tarir. Ou encore, ils pourraient être espionnés sous prétexte de désobéissance civile. Le Service canadien du renseignement de sécurité (SCRS) et le Centre intégré d'évaluation du terrorisme (CIET) ont surveillé le groupe autochtone de protestation Idle No More et ont produit des rapports sur ses membres. L'ex-organisateur du groupe, Clayton Thomas-Muller, affirme qu'il possède des documents prouvant que la GRC le surveille depuis au moins 2010. Le cinéaste et activiste autochtone Clifton Nicholas a confirmé cette tendance, confiant que le SCRS avait communiqué avec lui à trois reprises.

Parfois, le gouvernement cherche à discréditer ceux qui le critiquent. En 2007, Cindy Blackstock, avocate des Premières Nations et directrice exécutive de la Société de soutien à l'enfance et à la famille des Premières Nations du Canada, s'est adressée au Tribunal canadien des droits de la personne (TCDP) en alléguant qu'il y avait eu de la discrimination contre les enfants des Premières Nations. Sa plainte n'était guère incendiaire : elle affirmait que les services d'aide à l'enfance qui s'adressent aux enfants des Premières Nations ne reçoivent pas autant de financement que ceux destinés aux autres enfants du pays, ce qui est évident pour quiconque travaille dans ce secteur. Le Ministère l'a espionnée, a surveillé sa page Facebook et a payé des gens pour la suivre aux présentations publiques et prendre des notes, tout cela pour aider le gouvernement à gagner sa cause. On est en droit de se demander pourquoi ce dernier s'est donné autant de mal. Ce n'est pas comme si on faisait la queue pour déposer des plaintes. Étant donné le temps requis et les coûts, peu de gens peuvent se permettre de porter ces causes devant le Tribunal.

Pour trouver des gens à interviewer, je me tiens là où ils se rassemblent. En général, ils ne traînent pas à moins de faire la queue. Ils se mettent en file pour parler au chef ou pour recevoir leur nourriture lors de la fête de l'Action de grâce et ils attendent devant le poste de soins infirmiers quand ils ont un rendez-vous. Ils font la queue pour recevoir leur chèque mensuel, attendent que les fenêtres et la plomberie soient réparées, que les câbles lâches soient fixés, que les routes soient pavées, qu'on les protège contre les inondations et qu'il y ait un service de pompiers. La bureaucratie est organisée autour de traits et de chiffres : le numéro du statut d'Indien, qui renvoie au numéro de traité et au paiement des prestations sociales, ainsi qu'au mouvement dans ou hors des réserves ; le numéro d'étudiant au pensionnat ou encore le numéro d'identification de la réserve.

À un moment de l'histoire, l'utilisation de chiffres plutôt que de noms relevait d'une idéologie, en plus d'être commode d'un point de vue administratif. Dans les pensionnats, c'était en partie une manière de priver une personne de son identité autochtone, une manière de la « désindianiser » dans le cadre de l'éradication culturelle que ces écoles mettaient en œuvre. Certains écrivains, tels Edmund Metatawabin et Bev Sellars, ont écrit à ce sujet, expliquant à quel point cela leur avait laissé l'impression d'être des sous-humains, des êtres inférieurs, des nullités.

Nous sommes à la mi-novembre et je suis en train de faire la queue tout en prenant des notes en vue de mon documentaire potentiel. J'attends avec une centaine de personnes devant le Northern Store. Certains fument. Quelques-uns bavardent tranquillement. D'autres se blottissent les uns contre les autres, la neige fondante, poussée par le vent, fouettant leurs visages. Lundi matin, 8 h 15. Tous attendent le coup des 9 heures et l'ouverture du magasin, afin que son gérant commence à distribuer les chèques.

Hier soir, cela me semblait une bonne idée. C'est l'un des rares moments où les gens qui font la queue se blottissent les uns contre les autres. Mais je ne m'étais pas arrêtée à ce qu'ils feraient : se tenir dehors en attendant de l'argent pour pouvoir faire leurs courses. C'est embarrassant. Honteux, selon certains auteurs cris. Comme l'écrit Harold Cardinal dans son livre *The Unjust Society* (*La tragédie des Indiens du Canada*) : « Autrefois, notre peuple était autosuffisant. Nous gagnions notre vie en trappant et grâce à ce que la nature nous fournissait. Nous avions la vie dure, mais nous vivions comme des hommes et des femmes… Quand ils nous ont offert des prestations sociales, c'était comme s'ils nous coupaient la gorge. »

Je me déplace en posant des questions. Personne ne veut parler. J'aborde une femme dans la trentaine qui porte des lunettes de soleil pour le ski et qui attend avec ses trois enfants, âgés respectivement de 12, 9 et 6 ans. Les gens nous jettent un coup d'œil quand je lui pose des questions sur ses prestations sociales. Baissant la tête, elle forme une coupe avec une main autour d'une cigarette qu'elle essaie d'allumer.

« Avons-nous d'autres choix ? » demande-t-elle.

Un autre assaut de neige fondante raidit la foule. Je regarde ailleurs. Une douzaine de voitures et de camions sont stationnés, attendant que ceux qui font la queue reçoivent leur chèque. Comme ils sont protégés par la cabine de leur véhicule, je peux plus facilement leur parler. Personne ne veut dire à combien se chiffrent ses prestations sociales. Puis je change de sujet de conversation, pour découvrir qu'ils souhaitent tous me raconter l'histoire de Kashechewan et m'expliquer que le nombre élevé de prestataires remonte aux origines de la réserve.

Cette histoire se comprend plus facilement grâce à une série de chiffres. Les plus significatifs de tous, ceux dont les gens de la place aiment parler, ont diminué au fil des ans. Ainsi, au début du xxe siècle, le territoire de chasse des Cris de Kashechewan couvrait 640 kilomètres carrés dans la région de la baie James. Mais en 1905, après la signature du traité n° 9, ils ont été déplacés sur un territoire de 1,5 par 0,5 kilomètre, soit la taille de la réserve actuelle. À cela s'ajoutait un territoire de chasse de 230 kilomètres carrés à partager avec la communauté de Fort Albany.

Le traité n° 9 prend acte de la renonciation des Cris à 144 840 kilomètres carrés de ce qui était leur territoire. La Couronne a obtenu cela en échange de rien, ou de presque rien. On a donné à chacun 8 $ d'avance (l'équivalent de 169,47 $ en valeur d'aujourd'hui) et, par la suite, 4 $ par personne par année[1]. Après la signature, la valeur réelle de ces montants diminuerait puisqu'ils n'étaient pas assujettis à l'indice du coût de la vie. Cela a d'ailleurs fait l'objet d'un procès, toujours en cours au moment où j'écris ces lignes, intenté en septembre 2014 par les chefs du traité Robinson-Huron. C'est une caractéristique des traités numérotés, ces accords entre les Premières Nations et la Couronne signés dans tout le Canada de 1871 à 1921. Ils avaient pour modèle le traité Robinson de 1850, dans lequel on introduisait l'idée de la renonciation complète au territoire en échange d'un peu d'argent. Toutes les provinces l'ont signé à l'exception de la Colombie-Britannique, qui est restée largement sans équivalent jusqu'à la fin du xxe siècle.

Ce que les Cris ont signé, c'est la renonciation complète à la plupart de leurs terres en échange de pratiquement rien. Mais ils n'ont pas oublié que, en fait, on leur avait promis de partager les terres et leurs ressources. Les deux parties devaient agir comme partenaires égaux dans la décision de la manière d'utiliser les terres dans le futur. En échange, chaque personne recevrait de l'argent, mais le véritable investissement se ferait dans la communauté. On construirait une nouvelle réserve avec des routes pavées, des écoles et un hôpital. Les chasseurs auraient un emploi.

Difficile de savoir si les représentants de la Couronne ont délibérément trompé les Autochtones – des preuves existent des deux côtés. Mais une chose est certaine : le gouvernement n'a fait aucun effort pour dissiper les malentendus possibles. Quand les Cris ont demandé aux commissaires de la Couronne s'ils seraient contraints de vivre sur la réserve, ceux-ci ont répondu qu'ils pourraient continuer à vivre comme ils le faisaient jusque-là et comme leurs ancêtres l'avaient fait[2]. En 1905, ils ne savaient pas exactement ce qu'ils étaient en train de signer. L'information leur était donnée par l'entremise de traducteurs ; le traité n'a d'ailleurs été traduit en cri que 30 ans après sa signature.

Des récits semblables de fausses promesses, on en trouve aussi chez les Ojibwés, les Cris et les Anishinabés en rapport avec le traité n° 1, chez les Cris de Mikisew et les Dénés en rapport avec le traité n° 8 et chez les Tlichos en rapport avec le traité n° 11. Source de tension continue, cette situation a été montrée et décrite dans des films et des livres[3].

Au cours des 25 dernières années, les conditions de ces traités ont fait l'objet de contestations en justice. Dans certaines décisions, telle celle de Delgamuukw contre la Colombie-Britannique (1997), on a établi que l'interprétation des Premières Nations sur ce qui s'est produit et les promesses orales données devaient être prises en considération lorsqu'on se demandait à qui revenaient les droits de propriété sur les ressources de la terre. Dans d'autres, tel R. contre Horse [1988], le juge a décidé que les traités devaient être interprétés comme tout autre document relevant du droit contractuel. Ce qui est écrit doit prendre la place de tout récit ou souvenir exprimé oralement. Malheureusement, les lois d'aujourd'hui sont à peu près aussi claires que les négociateurs des traités. Il n'existe pas un seul principe permettant de décider de la légitimité et de l'impartialité des traités ; cela dépend du juge ou de la composition de la Cour suprême.

Une fois les traités numérotés signés, les Autochtones ont été évacués de force et les colons se sont installés là. Aux États-Unis, la même chose s'était déjà produite quelques années auparavant lors de l'adoption, en 1830, de l'*Indian Removal Act* (Loi sur le déplacement des Indiens) par le président Andrew Jackson. Cette loi a eu pour effet de priver les Autochtones de la plupart des terres du sud et de l'est qui composaient ce qu'on appelle aujourd'hui la Piste des larmes : les Cherokees ont été repoussés de la Géorgie ; les Seminoles, de la Floride ; les Choctaw et Chickasaw, du Mississippi ; les Muscogees (Creek), de l'Alabama.

Cependant, après l'adoption de l'*Indian Removal Act*, l'expropriation des Autochtones des États-Unis a cessé à toutes fins utiles. Cela n'a pas été le cas au nord de la frontière : le Canada a poursuivi dans cette voie. À la signature des traités numérotés (de 1871 à 1921), les Premières Nations ont été éjectées de leurs terres. En compensation, elles avaient reçu de petites parcelles de terre (les réserves), de l'argent et la promesse qu'on ne les déplacerait plus. Mais le gouvernement a estimé qu'il avait été trop généreux. Six ans après la signature du traité n° 9, le Parlement a adopté une loi dans le but d'amoindrir la portée de ces promesses. La *Loi Oliver* de 1911 autorisait les villes, les municipalités et les entreprises à exproprier les terres des Premières Nations sans nécessité de renonciation, tant que la dépossession devait servir à la construction de routes, de chemins de fer ou d'autres ouvrages publics. Mais même cela n'a pas suffi. Cette année-là, on a amendé cette loi de manière à autoriser un juge à déplacer une réserve quelle qu'en soit la raison, dans la mesure où c'était opportun. Mais cela aussi a été considéré comme trop généreux. En 1919, la *Loi d'établissement de soldats* autorisait le gouvernement à s'approprier de force les terres des Premières Nations afin de les vendre aux vétérans de retour de la guerre.

On pourrait croire que, étant donné que ces lois sont aussi ataviques que fantasques, on y avait mis fin depuis longtemps ou, du moins, depuis que les Premières Nations avaient eu le droit de voter. On leur a apporté toutefois quelques amendements. La *Loi d'établissement de soldats* n'existe plus. Les soldats revenant du combat ne peuvent plus s'approprier les terres des Premières Nations dans le but d'y installer leur propre ferme. Mais le reste – le règlement qui stipule que les entreprises, les villes et les municipalités peuvent s'approprier les terres des Autochtones à la condition de collaborer avec le Ministère – est toujours valide selon l'article 35 de la *Loi sur les Indiens*. Selon ces dispositions, l'entreprise ou l'organisme gouvernemental n'a pas à obtenir le consentement des Premières Nations dans la mesure où certaines conditions sont remplies. Le Ministère, qui établit le prix demandé à la compagnie ou à l'organisme gouvernemental effectuant la dépossession, doit approuver l'appropriation. La Couronne reçoit l'argent et décide de la manière et du moment où il sera versé à la Première Nation.

Ces lois ne sont pas que canadiennes. En fait, elles sont tout sauf canadiennes, si on considère nos idéaux et les principes incarnés dans nos autres lois. L'article 35 contrevient à l'esprit, sinon à la lettre, de la *Loi canadienne sur les droits de la personne* et de divers accords internationaux signés par le Canada, tels que la Déclaration universelle des droits de l'homme et la Déclaration des Nations Unies sur les droits des peuples autochtones, que le Canada a officiellement adoptée.

Ces lois incarnent aussi les valeurs anachroniques de l'époque où elles ont été créées. En 1911, quand la *Loi Oliver* a été signée, les femmes n'avaient pas le droit de voter, les Asiatiques du Sud n'étaient pas autorisés à pratiquer la médecine et les relations sexuelles entre gais étaient interdites. Chez les Premières Nations, les restrictions étaient encore plus grandes : les Autochtones n'avaient pratiquement aucun droit. Ils ne pouvaient engager un avocat, porter une cause devant la cour, pratiquer leur religion, porter leurs vêtements culturels, prendre de l'alcool, voter, avoir un commerce sans obtenir un permis au préalable, ou encore déménager dans une autre réserve ou organiser des réunions politiques. Légalement, ils n'étaient pas considérés comme des adultes responsables, mais comme des « enfants[4] », si bien qu'ils avaient les mêmes droits politiques que ces derniers, c'est-à-dire aucun.

La raison officielle justifiant qu'on les déresponsabilise, celle qui figurait dans les discussions parlementaires entre les législateurs, est qu'ils n'avaient pas l'intelligence requise pour être considérés et traités comme des êtres humains. Selon l'Assemblée législative du Haut-Canada datant d'avant la Confédération, ils n'avaient pas les mêmes aptitudes que « leurs frères blancs », croyance largement répandue à l'époque. En conséquence, ils ne pouvaient prendre soin d'eux-mêmes et, partant, ils n'avaient aucun droit civil. « Les Indiens n'avaient aucun droit politique, lequel dépendait de l'étendue d'un intérêt que la Couronne ne leur accordait pas. Leur inaptitude à rivaliser avec leurs frères blancs leur a interdit, dans une large mesure, la jouissance des droits civils[5]. »

Ceux qui étaient au pouvoir le croyaient-ils vraiment ? La théorie voulant que les Autochtones soient moins intelligents étaient certainement acceptée publiquement et même abordée dans les manuels scientifiques et médicaux. Mais des éléments indiquent que, dans les coulisses, certains se rendaient compte qu'il ne s'agissait là que d'une épreuve de force raciste. En effet, si le Ministère croyait vraiment que les gens des Premières Nations n'avaient pas l'intelligence requise pour rivaliser avec leurs frères blancs, il n'aurait pas été nécessaire d'imposer des lois légalisant la discrimination à leur endroit, lesquelles lois sont toujours en vigueur aujourd'hui, du moins en ce qui concerne l'interdiction de commercer. Ni de les empêcher de poursuivre le gouvernement quand leurs terres ont été saisies. Ni de saisir et de détruire leurs commerces, qui étaient plus performants que ceux des Blancs, comme cela s'est produit avec les Dakotas canadiens[6].

Au sud de la frontière, la situation était légèrement différente. Là-bas, les Autochtones n'étaient pas des « pupilles de l'État ». Selon John James Marshall, juge en chef des États-Unis, les tribus constituaient des « nations domestiques dépendantes » qui, sur le plan juridique, entretenaient des relations de gouvernement à gouvernement. Elles avaient le statut de nation, comme n'importe quelle autre. Autrement dit, cela impliquait des limites claires et un respect mutuel. Dans la cause Worcester contre Georgia (1832), le juge Marshall a déclaré que chaque tribu était une « communauté distincte qui occupait son propre territoire et dont les limites étaient clairement décrites ».

Mais au Canada, la saisie des terres ne constituait pas un crime. La Couronne possédait toutes les terres, même le 0,2 p. 100 de celles qui formaient les réserves, et pouvait en faire ce qu'elle voulait. « Aux États-Unis, on s'est posé à l'occasion des questions sur le statut légal des Indiens et sur les terres qu'ils occupaient ; en Ontario, il n'y a jamais eu le moindre doute quant au fait que toutes les terres, occupées par les Indiens ou pas, appartenaient au Roi et que les Indiens étaient ses sujets tout comme les autres. » C'était la position légale, selon William Renwick Riddell, juge de la cour suprême de l'Ontario. « Il n'y a aucune subtilité qui pourrait être problématique dans la loi canadienne[7]. »

Après que les Premières Nations du Canada eurent perdu 99,8 p. 100 de leurs terres, il est devenu plus difficile pour leurs gens de s'en sortir. Moins de terres, cela voulait dire moins d'animaux à chasser, donc moins de nourriture et moins d'argent. Ainsi, des centaines de communautés des Premières Nations dépendaient du bison, son habitat couvrant à l'origine le Manitoba, la Saskatchewan, l'Alberta, la Colombie-Britannique, les territoires du Nord-Ouest, le Yukon et la plus grande partie des États-Unis. Elles cessèrent de chasser cet animal au XIXe siècle, après que la plus grande partie des troupeaux eut été décimée.

Le prix des peaux a baissé également. En 1960, le prix moyen d'une grande peau de castor était de 90 $, selon Bobby Wynne, père de six enfants et grand-père de sept petits-enfants. En 1970, il était de 80 $ mais, en 1985, il a chuté à 36 $. « Autrefois ça rapportait bien, explique-t-il. Les peaux, c'est notre seul moyen d'avoir de l'argent, autrement, nous vivons de prestations sociales. »

Bobby Wynne est l'un des rares hommes chanceux de Kashechewan. Ses revenus de chasse et son magasin fournissent à sa famille un bon filet de sécurité. D'autres n'ont pas la même bonne fortune. Certains sont pris dans un cercle vicieux. Ainsi, Paul Wesley, âgé de 50 ans, était réputé pour ses talents de trappeur ; il pouvait repérer une harde d'orignaux dans une tempête de neige. Durant le plus clair de son existence, il a augmenté ses revenus en chassant dans la forêt d'épinettes à proximité. Il a enseigné à ses cinq enfants – quatre filles et un garçon – à se débrouiller seuls dans la nature.

Il souhaiterait trapper de nouveau, mais, étant donné qu'il a perdu son poste comme préposé au soutien culturel à l'emploi de Santé Canada, il n'a pas les moyens de réparer son VTT. Le problème est exacerbé par le fait qu'il n'y a pas d'arbres sur la réserve. On les a tous coupés pour faire du bois de chauffage. En l'absence de végétation, il n'y a pas d'animaux ni d'oiseaux non plus. Rien à chasser à des kilomètres à la ronde. Pour trouver du gibier, il faut un véhicule. Paul Wesley ne peut trapper et ne peut donc gagner de l'argent, ce qui fait qu'il ne peut réparer son VTT, ce qui fait qu'il ne peut trapper.

Ce jour-là, j'ai rencontré Gemma White, une femme de 50 ans, dans la file de ceux qui faisaient la queue pour recevoir leur chèque. Comme Arthur, elle est sans emploi depuis deux ans et a du mal à nourrir ses enfants. Puisque 14 personnes appartenant à trois familles différentes vivent dans sa maison, quatre de ses enfants habitent chez d'autres parents. Elle aimerait vraiment avoir un travail et une nouvelle maison, de sorte qu'elle puisse reprendre ses enfants et les nourrir avec de meilleurs aliments que la viande en boîte et le macaroni au fromage. Malgré tout, elle n'a pas perdu espoir. Depuis six mois, elle fréquente l'Église pentecôtiste et prie pour que ses souhaits se réalisent.

Bien que les gens qui faisaient la queue ce jour-là n'aient pas nécessairement relaté toute leur histoire et les raisons qui les avaient emmenés là, ils savaient de quoi il retournait. Traités comme des enfants durant des générations, trompés dans le but de se faire retirer leurs terres, déplacés vers des terres à l'abandon et privés de toute forme d'aide, beaucoup ont baissé les bras. Je ne comprendrais comment ce désespoir pouvait conduire quelqu'un à recourir à des mesures extrêmes que lorsque je serais moi-même poussée dans mes limites.

Chapitre 6
Rumeurs

Détruire la culture de quelqu'un,
c'est le priver d'immortalité.
TEMPLE GRANDIN, auteur

Comme les gens hésitent à me parler ou à être vus en ma compagnie, je me retrouve souvent seule. Mes amis et ma famille me manquent, de même que les conversations simples et les menus propos avec des étrangers. Avide de compagnie, je commence à converser avec les enfants et les adolescents qui se tiennent à l'extérieur des magasins du coin et fument.

C'est étrange pour une personne de 31 ans de se détendre avec des jeunes qui ont moins du tiers de son âge. Bien que je m'identifie un peu trop à Peter Pan, ça ne m'était jamais arrivé auparavant et ça ne s'est d'ailleurs pas reproduit par la suite. Mais après avoir passé trois mois sur la réserve essentiellement à me terrer chez moi, j'ai besoin de parler à des gens. Si, pour cela, je dois faire des blagues grossières en respirant de la fumée secondaire, qu'il en soit ainsi. En outre, une théorie formulée par les enseignants et les infirmières voulait que, à l'adolescence, les jeunes commençaient à déprimer. Auparavant heureux et joyeux, ils découvraient ce que la vie leur réservait; les déceptions ne cessant de s'accumuler, ils ne voyaient plus de possibilités pour eux. Selon Julie Wesley, conseillère en dépendance de Kashechewan, « ils deviennent anxieux. Ils craignent de rêver d'un futur meilleur ».

En revanche, je dois aux enfants de Kashechewan de m'avoir procuré certaines de mes plus grandes joies de cette époque. Ils m'ont enseigné mes premiers mots de cri. J'en ai appris des splendides qui n'ont pas d'équivalent en anglais*, tels que *tahwahshin*, qui décrit ce moment où l'on marche sur la tourbière gelée et où le sol cède sous nos pas. Ou encore, *seekwan*, qui réfère au mois où la nature renouvelle ses promesses et où les bourgeons s'ouvrent alors que les oies arrivent. Aussi, *iyihtew*, qui renvoie aux carrés d'herbe ou de terre qui percent la neige au printemps ou lors d'un redoux.

Parfois, quand ma langue se débattait avec ce qui semblait être un fouillis de consonnes, ils me demandaient comment je pouvais imaginer écrire sur leur communauté sans parler cri. Avec chaque nouveau mot, je comprenais un peu mieux à quoi ils voulaient en venir, car le cri est une langue dans laquelle les valeurs – tels le pouvoir de la communauté, la « voie rouge » (Red Road) et les sept enseignements secrets, idéaux qui diffèrent fondamentalement du système occidental capitaliste – imprègnent à la fois le vocabulaire et la syntaxe[1].

J'étais heureuse de me tenir avec les enfants de Kashechewan et eux semblaient vraiment contents de me voir. Contrairement à bien des adultes, ils ne craignaient pas de parler. Ils me faisaient rire et me donnaient le sentiment d'être aimée. Je voulais que cela se poursuive. C'est peut-être ce qui m'a rendue imprudente.

Même aujourd'hui, les Autochtones des réserves ont peu de droits et ont des moyens de défense limités. Pour protéger les plus vulnérables, c'est-à-dire les enfants, dans un endroit où les cas d'abus abondent, le conseil de bande bannit par BCR quiconque est considéré comme nuisible à la communauté. Dans le but de protéger les enfants davantage, on leur interdit d'aller dans la maison des étrangers.

---

* NDT. Ni en français.

Je sais tout cela, mais Emma est partie pour deux semaines et j'ai besoin de compagnie.

À la fin de novembre, j'invite trois enfants qui traînent souvent à l'extérieur de chez moi – Amy, 12 ans, Julia, 11 ans et Hannah, 8 ans – à venir partager avec moi un repas à la maison. Nous mangeons du ragoût de bœuf – j'ai fait des folies au Northern – et jouons aux cartes, puis elles partent. Plaisir trivial, mais très réconfortant dans sa normalité.

Le lendemain, elles reviennent après l'école. Le cinquième jour, la rumeur atteint les oreilles de David Gibb, le directeur de l'école. Il frappe à ma porte. Les lèvres pincées, il jette des regards furtifs devant lui. Nous sommes dans la cuisine.

« Est-il vrai que des enfants non accompagnés viennent chez vous ? me demande-t-il.

— Oui.

— Vous connaissez les règles ?

— Oui.

— Ne le faites plus. Les gens commencent à parler. »

Puis, il s'en va.

Après avoir passé une semaine seule, je me tiens sous le porche d'un petit magasin, m'évadant en regardant les étoiles. C'est l'une de ces nuits de décembre qui suit une chute de neige. La lune luit et est basse dans le ciel. Un groupe de 5 enfants âgés de 8 à 14 ans monte les marches en bois.

« Hé Alex ! me lance Simon, un garçon de 9 ans, en souriant malicieusement.

— Hé !

— Es-tu gaie ? »

Je le regarde fixement. Est-ce une question posée au hasard, ou cela a-t-il quelque chose à voir avec le fait que j'ai invité à la maison Amy, Julia et Hannah ? Que racontent les gens ?

« Non, lui dis-je.

— Y a-t-il des gais à Toronto ?

— Oui.

— Des lesbiennes ?
— Oui.
— En as-tu déjà vu ?
— Peut-être bien. J'imagine que oui.
— Où ça ?
— Euh. À la fierté gaie.
— Qu'est-ce que c'est que ça ? »

Une fille de 12 ans aux yeux étincelants et qui porte un chandail à capuchon répond à ma place.

« C'est là où ils se défoulent. »

Tout le monde rit. Quelques-uns font comme s'ils avaient un haut-le-cœur.

« Je dois y aller », dis-je, puis je m'enfuis.

Tout cela aurait été sans conséquence n'eût été du fait que personne n'a cru mon mensonge. Chaque fois que je marche dans la rue, les enfants me traitent de lesbienne[2].

À bien y songer, ces deux événements – les rumeurs de pédophilie et d'homosexualité – étaient probablement sans rapport l'un avec l'autre. Qu'ils se soient produits l'un à la suite de l'autre relevait de la simple coïncidence. À Kash, les rumeurs circulent vite. Une adolescente m'a raconté une histoire traumatisante à propos d'une fille de 12 ans qui aurait été fouettée puis, plus tard, quand je lui ai posée d'autres questions à ce sujet, elle s'est rétractée. Il y a des rumeurs d'inceste, mais on ne peut le prouver, si ce n'est que les enfants supposément victimes d'abus arrivent à l'école avec les yeux vitreux, ce qui pourrait résulter de diverses causes, dont la malnutrition et la dépression.

Certaines de ces histoires renvoient à une autre réalité de Kashechewan, soit l'énorme sentiment de perte résultant du fait que beaucoup trop de gens s'y enlèvent la vie. À trois reprises, on m'a raconté que les fantômes de jeunes qui s'étaient suicidés hantaient l'école secondaire Francine J. Wesley. Quand je demande à quoi ressemblent ces esprits – ceux d'Absalom Hughie, un grand jeune homme de 17 ans, connu pour son sourire radieux, ou de Haven, la douce Haven, une jeune fille de 14 ans qui tenait lieu de sœur pour plusieurs –, ils disent qu'ils ne les ont pas vus, mais qu'ils sentent leur lourdeur quand ils traversent les salles de classe.

Selon les psychologues, les rumeurs se propagent en présence de situations stressantes. Après l'ouragan Katrina, on a raconté un tas d'histoires, toutes bouleversantes, plusieurs bizarres : que des requins avaient infesté les eaux, que des terroristes avaient planté des bombes dans les digues, que des centaines de membres de gangs armés tuaient et violaient à qui mieux mieux dans le dôme, cette dernière rumeur ayant était subséquemment (mais erronément) confirmée par le maire Ray Nagin. La même chose s'est produite à la suite des attentats du 11 septembre 2001 : de l'anthrax aurait été injecté dans une boîte de Pepsi sur cinq, des groupes d'Arabes auraient été capturés alors qu'ils célébraient les attaques, les Juifs auraient été prévenus et, en conséquence, se seraient tenus loin du World Trade Center ce jour-là. Toutes ces rumeurs, il va sans dire, étaient fausses[3].

Contrairement à New York et à La Nouvelle-Orléans, le stress que connaît la population de Kashechewan ne résulte pas d'un seul événement majeur. Il ne s'y est pas produit une chose terrible, après quoi la vie y aurait repris son cours. Les Cris du Nord ont plutôt subi une multitude d'afflictions. On les a forcés à vivre dans une zone inondable, on les a envoyés au pensionnat St. Anne, endroit où des enfants étaient torturés par électrocution sur une chaise électrique maison, étaient les sujets d'expériences portant sur les effets de la malnutrition et dont le financement provenait du gouvernement[4], et étaient victimes de viols collectifs commis par le personnel. Durant la rafle des années 1960, leurs enfants ont été kidnappés, puis ils ont disparu à jamais. Dans de telles conditions d'oppression, il est normal que rien ne semble tiré par les cheveux. Les gens restent sur leurs gardes et se demandent d'où viendra la prochaine menace.

Les rumeurs s'intensifiant, je me saoule tous les soirs. D'abord en avalant la vodka que j'ai passée en fraude, puis, une fois mes réserves épuisées, le vin de cuisson salé que j'ai trouvé dans la cuisine d'Emma. Le soir où j'en manque, j'appelle Jill. Ensemble, nous décidons qu'aucune nouvelle ou histoire ne mérite que je mette ma santé en péril et que je souffre autant. Demain, j'irai à l'aéroport et j'achèterai mon billet de retour. Je raccroche et me glisse dans mon lit; cette nuit-là, je dors comme un bébé.

Le lendemain, je me réveille détendue. Je m'informe sur les vols pour découvrir qu'il n'y en a pas avant deux jours. Ce n'est pas idéal mais, au moins, j'aurai le temps de faire mes bagages et de saluer les gens. Sur un coup de tête, comme je n'ai rien d'autre à faire, je décide de retourner à la station de traitement de l'eau pour une dernière interview. Je n'ai jamais renoncé à un article ou à un reportage auparavant, alors j'ai du mal à accepter d'avoir dépensé autant d'argent et d'être venue aussi loin pour rentrer les mains vides.

La station se trouve à l'extrémité est de la ville, protégée par la digue et à proximité du Red Willow Creek. À l'intérieur, la salle de commande est bien rangée et impeccable ; la moisissure en est absente. Trois hommes sont assis derrière des ordinateurs, regardant les écrans. Ça sent le chlore.

Un homme de grande taille émerge de la pièce du réservoir. Il me sourit et se présente sous le nom de John Gentile.

Je lui dis que je suis journaliste et lui demande si ça le gênerait que j'interviewe des membres de son personnel en vue d'un article que j'écris sur la station et la réserve.

« En effet, Jonathan Solomon m'a parlé de vous et m'a dit que vous passeriez.

— Vraiment ?

— Il semble vous apprécier. Je ne sais pas ce que vous lui avez dit, mais il nous a demandé à tous de coopérer. »

Se peut-il que ce soit aussi simple ?

« Que savez-vous de la crise d'*E. coli* de 2005 ?

— Eh bien, comme je n'ai commencé à travailler ici qu'en juin 2006, vous devriez probablement vous adresser à Alfred Wesley, qui était le directeur à l'époque. Ou à Isaiah Wynne, son adjoint. Alfred travaille désormais comme directeur des travaux publics pour la bande. Je vais l'appeler pour vous. »

Une heure plus tard, je suis dans le sous-sol de la maison d'Alfred. L'interview s'avère une piste importante.

Selon lui, il y a effectivement eu une crise de l'eau. Durant trois jours, on avait manqué de produits chimiques pour le traitement de l'eau, cela à cause d'une pénurie. Il n'est pas sûr si cette situation a entraîné une crise d'*E. coli*. Peut-être, dit-il, mais peut-être pas. Il n'en est pas certain. Il n'a pas observé de preuve évidente confirmant la présence de la bactérie, comme un avis de Santé Canada, mais il rappelle qu'il était à la chasse et, donc, absent. En effet, octobre est le mois du *niskiskou*, mot cri qui signifie « abondance d'oies » et désigne ce moment de la migration annuelle où ces volatiles prennent une pause pour se nourrir et se reposer sur la côte de la baie James. Alfred Wesley avait pris deux semaines de congé à cette occasion. Il avait entendu sur sa radio de brousse qu'il y avait une crise d'*E. coli* et était retourné aussitôt à la réserve. Sur place, Isaiah Wynne lui avait raconté ce qui s'était passé.

Je suis étonnée d'entendre cette version des faits. Comment se faisait-il qu'il ne savait pas s'il y avait eu une éruption d'*E. coli* alors qu'il était le directeur de la station ? Je suis sur le point de renoncer quand je lui raconte ce qu'Arthur m'a dit à propos de l'eau de la rivière. En effet, dit-il, il est au courant de cette rumeur. Une fois les produits chimiques expédiés depuis la ville voisine de Moosonee (et l'eau propre à nouveau), on s'en était servi pour renforcer le message lors de la rencontre avec les représentants de Santé Canada qui a eu lieu le 19 octobre 2005 au gymnase de l'école St. Andrew. J'ai découvert plus tard que des membres du ministère des Affaires autochtones et du Nord Canada avaient également participé à cette rencontre. Alfred Wesley sait même quel membre de la communauté s'est rendu à la rivière pour en rapporter l'eau.

« Cette personne faisait-elle partie du conseil de bande ?

— Non, me répond-il, c'était un membre de la communauté.

— Qui était-ce ?

— Je sais qui c'était, mais je ne mentionnerai pas son nom. »

J'insiste, mais M. Wesley met fin à l'interview.

Je retourne à la station en réfléchissant à ce qu'il m'a dit. Note positive : j'ai désormais confirmation de la version d'Arthur concernant l'eau de la rivière. Mais cela entraîne d'autres questions. Si un citoyen de Kashechewan a recueilli de l'eau de la rivière, soit quelqu'un du conseil de bande lui avait dit de le faire, soit le fait que l'eau était propre avant même l'arrivée des représentants de Santé Canada constituait un secret de Polichinelle, alors bien des gens étaient impliqués dans l'affaire. Compte tenu de ce qu'Arthur sait, la deuxième hypothèse est la plus probable. Mais alors, pourquoi, après avoir passé trois mois à poser des questions aux gens, n'ai-je trouvé personne d'autre qui soit au courant de ce qui s'est réellement passé ?

À la station, je demande à M. Gentile si cela le dérangerait que je travaille sur place quelques heures. J'ai besoin de compagnie.

« Bien sûr, répond-il, allez-y. Nous nous tiendrons bien, pas vrai les gars ? »

Tout le monde rit.

Deux heures plus tard, Isaiah Wynne, un homme à la moustache soignée et aux bons yeux tristes, arrive pour assurer son poste à la station. Quand je lui demande si je peux l'interviewer, il rit nerveusement et propose que nous parlions en privé à sa maison qui se trouve à quelques mètres de là. C'est l'une des seules à ne pas être couvertes de graffitis. Depuis mon arrivée, j'en ai visité quelques-unes. La plupart sont en mauvais état. Des moisissures noires couvrent les murs par plaques. Les fils électriques pendent du plafond. Planchers, murs et plafonds sont percés de trous. Des poignées de porte, des fenêtres, voire des portes manquent.

Celle de M. Wynne est différente. À l'intérieur, des chaises en teck poli sont disposées autour d'une grande table. Les murs lisses sont couverts de photos de ses enfants. Menuisier de métier, il a fabriqué une partie de son mobilier. Tout est poli au point de briller.

Après avoir parlé de choses et d'autres, je prépare mon magnétophone et je démarre l'interview. Voici ce qu'il m'a raconté sur la crise d'*E. coli* de 2005.

Durant les vacances d'Alfred Wesley, il était la seule personne en fonction. À un moment donné, on a manqué de chlore à la station de traitement de l'eau. Par la suite, il y a peut-être eu – ou non – une éruption d'*E. coli* ; sa réponse varie selon la manière dont la question est formulée. Il n'est pas certain des dates et des détails. Il ne possède aucun rapport de l'affaire.

« Les gars de la station… ont jeté tous mes papiers… Je dois garder mes rapports environ 10 ans. Mais ils ont jeté tous mes papiers, sans exception. Je ne sais pas pourquoi. »

Je l'observe tandis qu'il parle. À première vue, il semble un homme consciencieux, au fait des détails. Pas le genre de personne à oublier des informations clés sur une crise ayant duré des semaines.

Je lui demande s'il croit que la crise a été montée de toutes pièces et mise en œuvre dans le but d'améliorer le sort des habitants de la ville.

« Je ne peux vraiment rien dire maintenant », me répond-il.

Je lui demande pourquoi. La veille, « son patron », pas quelqu'un de la station mais plutôt un membre du conseil de bande, l'a appelé pour lui dire de ne pas donner « trop d'information », afin de « nous protéger » de même que « son emploi ». Je le cuisine pour en savoir plus, mais il me regarde d'un air contrit en me disant qu'il « ne sait pas ce qui se passe ».

Je note tout ce qu'il dit et lui jette un coup d'œil, tandis qu'il attend ma prochaine question. Il regarde furtivement autour de la pièce. Je me demande si cette interview le met en péril d'une manière ou d'une autre. J'espère que non. Il semble être la gentillesse même.

Chapitre 7

Enseigner aux enfants

[Sur la réserve] l'histoire est un récit qui n'a rien à voir avec la vraie vie. Le programme scolaire au grand complet n'est que faux-semblants qu'on doit déchiffrer et mémoriser sans en faire l'expérience.

HEATHER ROBERTSON, *Reservations Are for Indians*

Comme mes investigations finissent par mener quelque part, j'appelle Jill et je lui dis que je compte rester.

« Combien de temps ?

— Je ne sais pas encore.

— Je n'aime pas ça. Je m'inquiète vraiment pour toi. Je crains l'homophobie.

— On m'a dit que ça se calmerait.

— Quand ?

— Je ne sais pas. Bientôt.

— Et ta consommation d'alcool ?

— Eh bien, quand l'homophobie se calmera, j'arrêterai de boire.

— Sérieusement. C'est ta réponse ?

— Ne t'en fais pas. Tout va bien aller. »

Ma désinvolture est déplacée et nous le savons toutes les deux, mais je ne veux pas aborder cette question. En l'absence de solution, je me sens encore plus mal à l'aise d'en parler.

Plus tard ce jour-là, j'appelle le docteur York à sa maison de Timmins afin de recueillir plus d'information. Ce n'est pas la première fois que je l'appelle, mais il n'est pas facile à joindre, car il se rend souvent dans les autres communautés du Nord de l'Ontario.

Il soutient qu'il y avait en effet quelque chose d'autre. Il a appris, par le téléphone arabe, que c'étaient les enseignants qui avaient alerté les médias. Apparemment, ils en avaient assez de travailler dans une école en si mauvais état et de l'absence d'infrastructures. Ils espéraient plus pour leurs élèves et souhaitaient leur donner une meilleure chance dans la vie. Comme le gouvernement ne collaborait pas, ils avaient décidé de prendre les choses en main.

« Qui était-ce ? je lui demande.

— Désolé, je ne le sais pas, répond-il. Mais je suis certain que quelqu'un sait quelque chose. Demandez aux gens autour de vous. »

Le lendemain, je suis son conseil.

À l'école secondaire, on enseigne de la 8e à la 12e année. C'est un édifice en brique rouge qui ressemble à toute autre école, à l'exception des volets verts qui protègent le verre contre les pierres lancées par les enfants. À l'extérieur, des étudiants âgés de 14 à 24 ans fument en silence, sauf pour lancer une blague occasionnelle. Hannah, la fillette de 8 ans qui est venue manger chez moi, se faufile entre eux et ramasse leurs mégots, qu'elle enfile dans la poche de son manteau.

Mon projet initial consistait à aller en reconnaissance à l'école pour trouver des gens qui y enseignaient en 2005. Cela semblait tellement simple quand j'y avais pensé quelques jours auparavant. Mais, bien sûr, à Kashechewan, rien n'est jamais si simple. La plupart des enseignants restent de quelques mois à un an, puis ils repartent car ils ne peuvent supporter le stress auquel ils sont soumis et ils sont traumatisés par les conditions de vie.

Comme pratiquement tout est en mouvement perpétuel, les étudiants souffrent d'un manque de continuité. Il est difficile de construire quoi que ce soit quand les gens ne font que passer. Les projets simples tels que la patinoire extérieure ou le programme de petit-déjeuner pour les élèves de 3e année prennent fin aussitôt que l'enseignant qui les a mis sur pied s'en va. Étant donné le caractère transitoire des choses, la communication est déficiente.

Dans l'école, je retiens un nom, celui de Carol Laronde, qui provient de la réserve Temagami, une petite communauté anishinabée se trouvant à 100 kilomètres au nord de North Bay. Peut-être parce qu'elle appartient à une Première Nation ou parce qu'elle est réputée défendre avec passion les droits des Autochtones, c'est l'une des rares à comprendre les problèmes de la réserve et à y rester. Elle travaille à Kashechewan depuis août 2005.

La raison pour laquelle les enseignants ont peut-être fait le nécessaire pour obtenir une aide dont la réserve avait le plus grand besoin m'apparaît bientôt évidente. L'école est bien dotée d'une bibliothèque, mais les livres ne sont pas classés, plutôt empilés sur le plancher. La pièce réservée au personnel est couverte de papiers, de stylos et de tasses à café. Des banderoles sur lesquelles figurent des méthodes maison de prévention du suicide sont suspendues aux murs. On y demande aux enseignants de surveiller les signes évidents, par exemple si l'élève réunit des armes ; exprime des préoccupations concernant la mort ; fait don de biens personnels précieux ; prend ses dernières dispositions. Selon Ruth Stadelmayer, une conseillère d'orientation âgée de 32 ans, la plupart des étudiants font l'objet d'une surveillance quotidienne en matière de suicide.

Les réserves du Nord de l'Ontario ont déjà fait les manchettes des journaux pour leur taux de suicide, qui est parmi les plus élevés au monde. Malheureusement, la connaissance de cette situation ne s'est pas traduite par l'adoption d'une politique conséquente. Plutôt que de recevoir des instructions formelles, les dirigeants doivent se contenter de faire de leur mieux. Quand Patrick Tucker, qui enseigne la 7e année, a emmené ses élèves marcher au-delà de la digue jusqu'au Willow Creek, ces derniers ont présenté des signes de nervosité aussitôt après avoir quitté les décors familiers de la ville. Certains ont été pris de panique. Ils allaient rarement au-delà des limites de la réserve, qui ne fait qu'un kilomètre de long et un demi-kilomètre de large. Selon lui, les enfants sont anxieux et ont une mentalité d'assiégés, résultat de ce que la population a subi tout au long de son histoire. C'est comme s'ils avaient grandi dans une zone de guerre. Ce jour-là, il a interrompu la promenade. Les jours suivants, il a complimenté les enfants plus que de coutume et a encouragé les parents à faire de même, afin d'aider les élèves à surmonter leur peur et leur sentiment d'infériorité.

M. Tucker n'avait rien fait de mal. Au contraire, on pourrait dire que c'était admirable. Devant l'absence de soutien et de ressources, il a incarné la volonté de continuer et de chercher à faire de son mieux, état d'esprit qui est apparent dans toute la réserve. La ville peut ainsi continuer à fonctionner ne serait-ce qu'au coup par coup ; cela explique pourquoi le taux de suicide n'est pas plus élevé qu'il ne l'est actuellement.

Ce qu'on a du mal à comprendre, c'est la rupture entre l'aide qui serait nécessaire pour guérir des séquelles des traitements subis dans les pensionnats et la réalité sur le terrain. Car tout cela a été consigné et rapporté dans la documentation universitaire et historique. Le taux de suicide dans les réserves est une chose bien connue. Les crises de panique et l'anxiété ont été documentées dans les études portant sur l'héritage laissé par les pensionnats. Même chose pour le taux élevé d'automutilation. L'absence de formation des enseignants est un problème permanent. Savoir cela et ne rien faire, c'est là notre histoire, notre prétendue position morale.

En réfléchissant à tout cela, je passe devant le gymnase, où des élèves suivent un cours d'éducation physique. Certains regardent fixement le ventilateur au plafond et non l'enseignant. Je lève la tête. L'appareil tournoie et lance des étincelles. Heureusement, celles-ci s'éteignent à environ un mètre au-dessus de la tête des élèves sans leur faire de mal. La même chose s'est passée il y a quelques jours. Lorsque je demande quand l'appareil sera réparé, on me répond que c'est dans le haut de la liste des priorités et qu'on essaie de trouver quelqu'un qui possède l'expertise technique pour le faire.

Personne ne sait comment faire. C'est une phrase que j'entends souvent. Elle a surgi il y a quelques semaines quand le camion de carburant est tombé en panne alors qu'il allait remplir le réservoir de gaz qui alimente notre appareil de chauffage, ou pour expliquer que le camion à ordures presque neuf soit à l'arrêt au dépotoir ou que les bouches d'incendie qui parsèment la ville ne soient pas raccordées au réseau de distribution d'eau.

Par tradition, les Cris attachaient beaucoup de prix à leur autonomie, un concept appelé *bimboleytosowin*. Le mot est plus riche que le sens qu'on lui accorde dans nos langues occidentales ; il fait référence tant à la confiance en soi qu'en la croyance innée qu'on peut apprendre à faire n'importe quoi. En fiction, le meilleur exemple est le pilote de brousse cri Will Bird dans le livre de Joseph Boyden *Les saisons de la solitude* (*Through Black Spruce*) : « En grandissant, j'essayais de faire des choses moi-même, car je croyais que, en tant que garçon et Indien, je devais tout simplement en être capable. »

Aujourd'hui, la perte de confiance en soi et la déqualification de la population, qui résultent du passage dans les pensionnats et du système d'éducation actuel, créent une forme de statisme. Ainsi, en l'absence d'un électricien, les ventilateurs lancent des étincelles, les fils pendent du plafond et, comme les prises de courant ne sont pas réparées, leurs fils sont à nu. Quand les maisons sont réduites en cendres, comme cela s'est produit pour celle de Bobby Wynne et son magasin en mars 2012, il y a rarement une enquête. On discute plutôt à savoir si l'incident résultait d'un problème électrique ignoré de longue date ou constituait un geste criminel.

Les traces du feu sont partout, tant sur les carcasses des fourgonnettes et des voitures carbonisées que sur les terrains vagues où jadis se sont dressées des maisons. On raconte beaucoup de choses à ce sujet. En 2002, des enfants ont mis le feu au pensionnat de St. Anne. Trois ans plus tard, le Northern Store a brûlé. L'année suivante, deux hommes sont décédés dans l'incendie de la prison. L'année d'après, l'école élémentaire St. Andrew a été réduite en cendres. À l'automne de 2006 et en septembre 2008, des autobus scolaires ont été détruits par le feu. En 2008, la camionnette Chevy de John Gentile, le directeur de la station de traitement de l'eau, a été détruite lors d'un incendie criminel et, plus tard cette année-là, la maison voisine de la sienne a brûlé. L'année suivante, il a perdu son abri de jardin. C'est un problème qui date de plus de 40 ans, en fait depuis 1974, quand les dirigeants de la réserve ont écrit au Ministère pour lui demander du financement pour la protection de la ville, notamment un service des incendies, des pompiers et des camions en bon fonctionnement. À la fin de cette année, on aura répertorié neuf cas d'incendie criminel à Kashechewan[1], soit un peu plus que la moyenne annuelle de six, selon les statistiques du service de police

NAP. Dans une communauté de 1 800 âmes, un tel problème touche tout le monde[2].

Ignorant le risque d'incendie, je jette un œil dans les classes à la recherche de Carol Laronde. Tout semble normal. Des élèves sont assis à leur pupitre. Mais la scène a quelque chose d'étrange : les sièges sont proportionnellement petits. Les élèves sont dans la jeune ou moyenne vingtaine. S'ils sont aussi âgés, c'est à cause de la mort ou du chagrin. Ainsi, Danielle Koosees, qui a 22 ans, m'a expliqué qu'elle avait abandonné les études à deux reprises, chaque fois pour 2 ans, la première quand son père est mort d'une crise cardiaque, la seconde quand son cousin s'est pendu. Âgé de 24 ans, Harold Moore a interrompu les siennes parce qu'il n'avait pas d'endroit où étudier. Il vivait avec son père, un bootlegger et vendeur de drogue qui, quand il buvait, le battait. Parfois, Harold allait au poste de police, mais il avait trop peur de dire aux policiers ce qui venait d'arriver si bien qu'ils le renvoyaient à la maison. À 15 ans, il a voulu partir mais son père l'a étranglé, le tuant presque. Il a alors abandonné ses études et a quitté la maison. Il vivait chez des amis, changeant souvent d'endroit. Finalement, Chris Mead, un des enseignants, a appris ce qui s'était passé et lui a offert un lit en toute sécurité dans sa maison. Harold a alors repris ses études. Il espère obtenir son diplôme de l'école secondaire et faire des études supérieures.

S'il réussit, s'il n'y a pas de gros pépins, si son père ne décide pas de le ramener de force à la maison, si l'école n'est pas réduite en cendres, si la réserve n'est pas à nouveau inondée et si personne parmi les membres de sa famille ou ses amis ne se suicide, alors il aura droit à une pause, courte mais bien méritée : ceux qui obtiennent leur diplôme d'études secondaires se font payer leurs études supérieures par la bande. Le prochain défi consistera à rester à l'université. Ce ne sera pas facile. Les écoles de Kashechewan ont de trois à cinq ans de retard par rapport à celles du reste du pays. Si Harold peut se mettre à niveau et s'il ne souffre pas du trouble de stress post-traumatique en conséquence de tout ce qu'il a vécu dans la réserve, alors il y a de fortes chances qu'il réalise son rêve d'enfant : devenir policier.

Tout comme Harold, la plupart des étudiants que j'ai interviewés m'ont dit qu'ils espéraient terminer leurs études secondaires et fréquenter l'université. Tyson Wesely, qui est âgé de 21 ans, souhaite devenir le prochain chef. Âgé de 25 ans, Adrian Metatawabin souhaite suivre une formation collégiale d'électricien. Danielle Koosees aimerait devenir journaliste. Ce n'est pas le désir de faire quelque chose qui manque. Selon Julie Wesley, c'est plutôt que, pour garder la tête hors de l'eau, il faut mobiliser pratiquement toutes ses réserves émotionnelles et mentales: «Les gens doivent traverser tellement de choses rien que pour survive ici.»

Quand j'ai demandé à des Aînés, tel Paul Wesley, ce qu'il fallait faire pour aller de l'avant, ils ont pointé vers le passé et vers le concept de *bimboleytosowin*, qui était enseigné par les maîtres autochtones. Au cœur de nombreux rituels appris aux enfants, se trouvait la nécessité de leur instiller la confiance en eux-mêmes. Par exemple, la cérémonie des premiers pas, au cours de laquelle un enfant qui vient de faire ses premiers pas «sort» de sa tente à travers un panneau qui fait face au soleil levant en traînant derrière lui un petit animal mort; il fait ensuite le tour d'un arbre puis retourne à la tente pour redonner aux Aînés l'animal qui leur servira de nourriture. Cela symbolise à la fois leur indépendance croissante et le cercle de la vie. La quête de vision, une autre cérémonie destinée à instiller le *bimboleytosowin*, consiste à faire passer une nuit seul dans la forêt à un enfant âgé d'environ huit ans, un Aîné dormant à un jet de pierre de lui au cas où un problème se présenterait. La solitude dans le noir doit l'amener à faire face à ses plus grandes peurs.

D'autres rituels apprennent aux gens à garder la tête haute, à se montrer bons et à avoir confiance en eux-mêmes. À l'origine, chaque rituel était conçu pour transmettre une éthique qui suivait les sept enseignements secrets et la «voie autochtone» ou «voie rouge» (Red Road) des Cris[3]. Quand on a annoncé l'ouverture des pensionnats indiens, bien des communautés autochtones, dont celle de Kashechewan, ont présumé que leurs dirigeants se fonderaient sur les mêmes principes. On prodiguerait les enseignements aux enfants dans un environnement où régneraient la confiance et le respect mutuels. On leur apprendrait à lire et à écrire l'anglais et le cri. C'est pourquoi ils ont été accueillis positivement par bien des communautés. La nation crie d'Opaskwayak, au Manitoba (autrefois bande

Pas), a même déposé une requête devant le surintendant général des Affaires indiennes dans le but d'obtenir un pensionnat, tout comme les dirigeants de la nation squamish de la Colombie-Britannique et Sweet Grass, grand chef des Cris des plaines, à l'époque du traité n° 6.

Au fil des ans, il est devenu de plus en plus évident que ce qui se passait dans les pensionnats était l'exacte antithèse du *bimboleytosowin*. Plutôt que d'enseigner aux enfants l'autonomie, on leur apprenait la dépendance. Le taux d'abandon des études était de 80 p. 100. On y enseignait les matières scolaires habituelles – anglais, mathématiques, histoire, géographie et science –, mais celles-ci ne constituaient pas les plus importantes aux yeux du corps enseignant, qui insistait plutôt sur la prière, le ménage et les travaux agricoles, tâches qui monopolisaient la plus grande partie de la vie au pensionnat.

La plupart des élèves autochtones ont quitté les pensionnats sans être capables de remplir un simple formulaire de demande d'emploi. Les abus sexuels et physiques y étant répandus, plusieurs souffraient, à leur sortie, du syndrome de stress post-traumatique. D'autres en sont partis dans un cercueil. La mort était chose commune. Selon Duncan Campbell Scott, superintendant des Affaires indiennes, poste dont une des tâches consistait à surveiller les pensionnats du pays, le taux de mortalité de certains d'entre eux était de un enfant sur deux. Compte tenu du surpeuplement, de la présence de moisissures, d'un chauffage inadéquat et des toitures qui coulaient, les maladies telles que la tuberculose, la rougeole et la grippe se répandaient rapidement. La malnutrition était fréquente. C'est un fait connu qu'on servait aux enfants de la nourriture avariée et parfois moisie, sans compter qu'ils ne mangeaient pas suffisamment. Il est probable que les abus physiques et sexuels qu'ils subissaient à répétition aient engendré un stress qui contribuait certainement au taux de mortalité élevé. Quand les enfants étaient blessés à la suite d'une raclée ou d'un viol, ils ne recevaient pas de soins médicaux. En 1920, à la suite d'un rapport accablant de Peter Bryce, médecin-chef, le gouvernement a cessé d'enregistrer les décès des enfants, afin d'éviter l'embarras qui s'ensuivait. De plus, de 1936 à 1944, le Ministère a détruit 200 000 dossiers des Affaires indiennes. Autrement dit, le nombre officiel d'enfants morts dans les pensionnats – 3 200 – est probablement sous-estimé. Selon le juge Murray Sinclair, le nombre réel pourrait être de 5 à 10 fois plus élevé.

Ce n'était pas la première fois qu'on omettait d'inscrire dans les rapports officiels certains faits relatifs à l'histoire des Premières Nations, soit parce que c'était embarrassant ou honteux, soit parce qu'on en minimisait l'importance. Ainsi en est-il de la stérilisation forcée, de 1933 à 1979, d'élèves des pensionnats pour autochtones de la Colombie-Britannique. Comme les rapports ont été détruits, nous n'avons aucune idée du nombre de jeunes qui ont été opérés. Nous savons que cela est arrivé parce que certains en ont parlé et que nous disposons de rapports anecdotiques. En Alberta, où les rapports n'ont pas tous été détruits, 2 800 personnes ont été stérilisées à la suite de l'adoption du *Sexual Sterilization Act* (*Loi sur la stérilisation sexuelle*), bien que, là encore, l'information fasse défaut, ce chiffre rendant compte tant des Autochtones que des non-Autochtones considérés comme étant inaptes à enfanter, notamment ceux qui souffraient de troubles mentaux et les jeunes délinquants.

Songez aussi à l'insuffisance d'information qui caractérise l'interdiction du *potlatch*. Le nom lui-même est source de confusion. Le *potlatch* est une fête au cours de laquelle on offre des présents et qui est pratiquée par les Autochtones de la côte nord-ouest du Canada et des États-Unis. Or, la portée de cette interdiction allait bien au-delà des régions concernées et de la fête elle-même. Elle s'appliquait dans tout le pays et proscrivait toute manifestation culturelle et religieuse, dont les « danses indiennes », en dehors des limites de la réserve et toute participation des Indiens à des spectacles, expositions, performances, rodéos ou spectacles historiques vêtus de leurs « atours de cérémonie ». Nous ne savons pas combien de gens ont été arrêtés pour avoir contrevenu à cette interdiction. Celui qui procédait aux arrestations – l'agent des Indiens qui était à la fois procureur, défendeur, juge et jury – n'avait pas l'obligation de tenir des rapports. Les chercheurs universitaires estiment que, de 1885 à 1951, année où la loi a été abolie, il y en a eu des centaines.

Quand, au début des années 1970, le gouvernement a entrepris de fermer les premiers pensionnats, il devait les remplacer par un système d'éducation se fondant sur les principes émis dans *Le contrôle par les Premières Nations de l'éducation des Premières Nations*, un document de politique générale produit par la Fraternité des Indiens du Canada, organisme précurseur de l'Assemblée des Premières Nations. Approuvé par Jean Chrétien, alors ministre des Affaires autochtones et du Nord canadien, il a été intégré à la position officielle du gouvernement en 1973. Bien qu'il ait été rédigé il y a plus de 40 ans, on y trouve nombre des revendications actuelles des Premières Nations: plus de financement, plus d'indépendance et des programmes scolaires qui rendent justice à la place qu'ils ont occupée dans l'histoire.

Mais cela ne s'est pas réalisé. Aujourd'hui, le financement des écoles des réserves est de 40 p. 100 plus bas qu'ailleurs au pays, alors que les coûts y sont 5 fois plus élevés. Pour faire leur travail, les enseignants doivent payer à même leur salaire les fournitures scolaires telles que crayons, papier et livres, et les apporter dans leurs bagages. Autrement, les élèves en sont tout simplement privés.

En outre, les enseignants ne sont généralement pas des Autochtones. Ils viennent de l'extérieur, sont dans la vingtaine et sortent tout juste des facultés d'éducation. Une fois à Kash, ils doivent faire face à des problèmes pour lesquels ils n'ont pas été formés, tels que les incendies criminels, les inondations, l'automutilation, la consommation d'alcool par les mineurs, le manque de nourriture et le suicide. De plus, leurs enseignements revêtent peu d'intérêt pour les gens des Premières Nations, puisque l'existence de ces derniers est à peine reconnue. La plupart des événements les plus significatifs qui ont marqué l'histoire des Cris, dont la rafle des années 1960, les déplacements forcés, les violations des droits civils ou l'appauvrissement systématique du système des réserves sous la *Loi sur les Indiens*, ne sont pas enseignés dans les écoles[4]. Aucun des élèves que j'ai interviewés n'avait entendu parler de cette loi, qui régit pourtant la vie sur les réserves[5]. C'est comme si les élèves d'Afrique du Sud n'étudiaient pas le système de l'apartheid ou si on n'enseignait pas aux étudiants américains les lois Jim Crow.

Au bout d'une journée passée à flâner dans l'école, j'apprends que, contrairement à ce qu'on m'avait dit, Carol enseigne à l'école primaire et non à l'école secondaire. Je m'y rends.

En 2005, on a découvert de la moisissure dans l'ancienne école primaire St. Andrew. Le bâtiment a été évacué et est resté vide deux ans, puis il a été réduit en cendres en 2007, vraisemblablement dans un incendie criminel. Ensuite, le gouvernement a fait installer 11 bungalows bleus, des « maisons mobiles » qui devaient constituer une solution temporaire jusqu'à ce que l'argent pour la reconstruction se matérialise ; on l'attend toujours.

À l'entrée de l'école, la réceptionniste, une femme dans la vingtaine, me demande qui je suis et ce que je fais là. Je l'informe que j'écris un article sur Kashechewan et que j'aimerais interviewer les enseignants.

« Je dois demander l'autorisation de la directrice, Judy Stevens », me dit-elle.

Cette dernière apparaît quelques minutes plus tard.

« Non, ce n'est pas possible », affirme-t-elle, alléguant que ni le conseil ni les parents n'ont donné leur autorisation.

Je la remercie et retourne à la maison.

Au cours des quelques jours suivants, je me terre dans mon placard à balais, me contentant d'expédier des courriels à Carol Laronde. Dehors, les enfants continuent de me lancer des insultes homophobes.

Comme cela me rend anxieuse et que je n'ai plus rien à boire, j'achète de la vodka au coût de 200 $ la bouteille au bootlegger du coin, un homme très sympathique du nom de Peter qui sait que je suis fauchée et m'accorde parfois une ristourne. Il m'arrive de penser que j'ai un problème grave mais, histoire de me rassurer moi-même, j'écarte cette idée en me disant que je ne suis pas le genre de personne à boire de manière excessive.

Finalement, je rencontre Carol Laronde chez elle. Cette femme de 54 ans affirme avec insistance que, quoi qu'en dise le rapport, la crise de l'eau était bel et bien réelle. Elle m'explique que, avant la crise, la réserve allait mal. C'était pire que maintenant. Les maisons étaient surpeuplées et les enfants se relayaient pour dormir.

Depuis deux ans, l'eau faisait l'objet d'un avis d'ébullition en permanence.

Le 14 octobre 2005, Santé Canada a émis un avis de contamination à la bactérie *E. coli*. En réaction, des enseignants, dont elle-même, et le conseil de bande ont fait parvenir des communiqués de presse aux médias. Ils ont passé des heures à chercher des numéros dans le bottin téléphonique, à rédiger des fax à la main et à communiquer avec des dizaines de médias. C'est ainsi qu'ils ont réussi à attirer l'attention sur la réserve. « Il importait de faire savoir ce qui se passait à Kash », conclut-elle.

Elle ne dit pas un mot au sujet de l'eau de la rivière. C'était de l'eau du robinet qu'on avait apportée à la rencontre cruciale avec Santé Canada et l'AANC qui avait eu lieu le 19 octobre à l'école St. Andrew.

Je lui demande si elle a d'autres informations à me fournir. Elle ajoute qu'elle a compilé un dossier sur ce qui s'est passé et a enregistré la chose sur un CD. Ces deux documents sont à sa maison à Temagami. Elle les rapportera quand elle reviendra du congé des fêtes. Si j'arrive à tenir bon, tout sera révélé.

Chapitre 8

Deux poids, deux mesures

D'abord, il faut une maison saine.
Il est difficile de penser au développement économique
quand les enfants meurent et que les vieilles dames sont malades
à cause de l'absence d'eau courante.

RON DERRICKSON, ancien chef de la
Première Nation de Wesbank[1]

La réserve me rend malade. Les troubles cutanés y sont répandus, résultat de la poussière, de l'alimentation, du stress et du fait de coucher sur des matelas nus déposé au sol. Bien que les gens en souffrent en permanence, on tait généralement ces problèmes. Comme c'est l'hiver, tous s'habillent chaudement. Depuis que je suis arrivée, je n'ai vu qu'une seule personne – la femme dans l'allée des pâtes du Northern qui se grattait le bras – à souffrir de démangeaisons.

Je n'aurais guère accordé d'attention à cet incident si ce n'est que, deux mois plus tard, je me retrouve avec une éruption sur la poitrine qui ressemble à un imprimé léopard rose. En cherchant sur Internet, je découvre que c'est la teigne. Au Northern Store, j'achète une crème offerte en vente libre qui, bien que je l'applique religieusement, ne change pas grand-chose à la situation. Cette affection, qui est causée par un champignon, ne devrait pas me perturber autant. Elle n'est pas grave ni particulièrement débilitante. Cela démange et c'est quelque peu disgracieux, voilà tout.

Mon asthme me cause plus de soucis. Il a repris, entraînant des troubles respiratoires à la moindre irritation ou à la moindre activité un peu plus exigeante que la marche lente.

Selon le docteur York, je ne suis pas la seule. La poussière des chemins non pavés et la saleté des maisons surpeuplées provoquent des problèmes pulmonaires. De même que les moisissures que j'ai observées dans certaines maisons. À cet égard, Kashechewan n'est pas un cas isolé. D'après une étude publiée en 2012 dans le *Journal of Environmental Health*[2], dans les réserves canadiennes, une maison sur deux est contaminée par les moisissures.

Au début, je me plaignais de ces problèmes de santé mineurs auprès de quiconque voulait bien m'écouter, mais, au bout de quelques semaines, j'ai le sentiment d'être une idiote. Ces accès d'asthme et de teigne me permettent en fait de mesurer ma chance. Rien de ce qui m'est arrivé n'est comparable à ce que les gens d'ici vivent au quotidien. Ainsi, Cornelius Hughie, qui est âgé de 28 ans, m'a dit qu'il n'arrivait pas à nourrir sa fillette de 4 ans. Julie Wesley, la conseillère en matière de dépendance, m'a confié qu'il lui arrive encore d'avoir des crises de panique au souvenir de l'abus sexuel qu'elle a subi de la part de son oncle quand elle avait 9 ans. Arthur White m'a affirmé qu'il est fatigué parce que son alimentation est inadéquate.

Même ceux qui restent ici quelques mois d'affilée peuvent craquer sous l'effet du stress. Ainsi, Emma se réveille désormais durant la nuit en gémissant. Dans la soirée, elle se sert de sa lampe de luminothérapie. Elle ne cuisine plus parce qu'elle est trop fatiguée. Jake Arbus, un infirmier de 29 ans originaire de Petitcodiac, au Nouveau-Brunswick, m'a dit que le fait de ne pas être en mesure d'aider ses patients l'a déprimé au point que, croit-il, son accès de diverticulite s'est aggravé. Un policier m'a raconté que son collègue est devenu lunatique et agité. Depuis son arrivée, l'enseignante Ruth Stadelmayer souffre du syndrome du côlon irritable, lequel résulterait selon elle de la frustration et de l'anxiété d'avoir à enseigner à des enfants provenant de familles dysfonctionnelles et de sa difficulté à mettre sur pied une maison sécuritaire pour les victimes de violence familiale. Elle a soulevé le problème auprès de divers dirigeants du conseil de bande sans grand succès : il n'y a pas de places libres dans les bâtiments de la ville et, quand elle a offert sa maison aux personnes fuyant la violence, cela lui a causé un stress insoutenable.

Bien que ces cas individuels n'aient pas encore été rapportés, la question de l'épuisement est familière à quiconque possède une vague connaissance des réserves. Selon Mae Katt, une infirmière ojibwée de Thunder Bay qui se spécialise dans la santé des Premières Nations, 40 p. 100 des postes d'infirmières à temps plein offerts par la Sioux Lookout First Nations Health Authority (services de santé de la nation sioux) sont vacants. Les 15 communautés oji-cries du Nord de l'Ontario ont du mal à trouver des enseignants, des directeurs d'école et du personnel infirmier disposés à travailler dans leur communauté. Selon Judy Finlay, professeure agrégée à la School of Child and Youth Care de l'Université Ryerson, quand ils y parviennent, le problème consiste alors à convaincre le personnel de rester.

Nous avons même mis en place des stratégies permettant aux étrangers qui travaillent dans les réserves d'éviter les maladies qui y circulent. Ainsi, on accorde de nombreux congés à ceux qui travaillent dans les communautés isolées. Comme les travailleurs qui occupent un emploi dangereux, par exemple dans une mine de charbon ou comme pompier, ces étrangers travaillent en rotation. Les policiers restent 16 jours, puis sont en congé durant 12 jours. Les opérateurs et directeurs de la station de traitement de l'eau sont en fonction deux semaines et en congé le même temps. Les infirmières décident de leurs horaires ; généralement, ils consistent en trois semaines de travail et une ou deux semaines de congé. Le révérend anglican retourne chez lui environ tous les deux mois. Même chose pour les enseignants.

En dépit des coûts élevés que cela représente, on pourrait difficilement s'opposer au roulement du personnel dans la réserve. Songez à ce qu'il en serait autrement : des patients consultant des infirmières tellement épuisées qu'elles se trompent dans leurs ordonnances ; de l'eau contaminée par des bactéries parce que le directeur de la station de traitement est exténué et se trompe dans le mélange de produits chimiques à ajouter ; un policier qui omet de prendre les notes nécessaires parce qu'il est à bout de souffle. Il importe de protéger sa propre santé. Mais cela semble aussi être une solution de fortune. Plutôt que de changer les conditions de vie dans les réserves, nous veillons à ce que les étrangers qui y viennent par avion pour occuper les postes nécessitant des compétences professionnelles – ceux dont sont exclus les gens de la place en conséquence d'un système d'éducation déficient – ne s'épuisent pas. Les Autochtones sont des citoyens de deuxième ordre, y compris dans leur propre réserve.

Ayant découvert que mes problèmes de santé sont relativement mineurs, j'ai cessé de me plaindre à tout un chacun. N'empêche que j'ai tout de même besoin de me sentir bien. Comme il n'y a pas de médecin à ce moment-ci dans la réserve et que le docteur York ne repassera que dans trois semaines, j'appelle Lindsay MacMillan, médecin et amie. Nous bavardons une petite heure au cours de laquelle je lui fais part de mes soucis. Selon elle, j'ai raison de m'inquiéter, quoique mes réactions ne soient pas entièrement inattendues. Elle me raconte qu'elle est restée elle-même un certain temps à Kashechewan et qu'elle s'y est impliquée au moment de la crise de l'eau. Pour la première fois, j'ai de la veine. Ironiquement, l'information me vient d'une personne que je connais depuis des années et qui vit à 10 minutes de vélo de mon appartement de Toronto, une amie qui se trouve maintenant à 1 000 kilomètres d'ici.

Tout cela a commencé le 21 octobre 2005 par un appel téléphonique de son directeur, le docteur Trusler, chef du personnel médical de l'hôpital général Weeneebayko, où elle était médecin résident pour un mois. Faisant référence à la crise qui se déroulait à Kashechewan, il lui a dit que les gens étaient malades, que c'était un cas d'urgence et que les dirigeants de la réserve lui avaient demandé de l'aide. Accepterait-elle de l'accompagner ?

Le lendemain, elle s'est envolée en hélicoptère vers la réserve en compagnie du docteur Trusler et d'un adjoint en recherche du nom de David Bowen. Ils ont été accueillis par un membre du conseil de bande. On les a conduits vers une rangée de maisons au centre de la municipalité ; en quête de symptômes d'infection à la bactérie *E. coli*, ils ont frappé à toutes les portes. Il n'y en avait pas. Deux choses sont devenues aussitôt évidentes : premièrement, personne ne souffrait des symptômes dont il avait été question dans tous les médias et, deuxièmement, même si l'eau était potable et la crise d'*E. coli* une invention, les gens étaient tout de même malades.

Dans sa tournée des maisons, elle a surtout été frappée par l'état des enfants, qui vivaient dans des conditions telles qu'ils en étaient malades. Ils souffraient particulièrement de problèmes pulmonaires graves. Elle a soigné des bambins atteints de pneumonie et des bébés de six mois souffrant d'asthme. Les maladies cutanées étaient également répandues. Les gens dormaient sur le plancher et dans des abris, si bien qu'il leur était pratiquement impossible d'avoir une bonne hygiène. Plusieurs enfants souffraient d'un problème cutané, que ce soit la teigne, la gale ou l'impétigo.

Les deux médecins ont pris des photos tout en faisant de leur mieux pour soigner ces maladies, délivrant des ordonnances et fournissant des antibiotiques et des crèmes antifongiques. Cependant, il apparaissait clairement que bien des problèmes de santé ne pourraient se résoudre en une seule visite, notamment les maladies chroniques telles que les cardiopathies, l'hypertension artérielle, le diabète et les accidents vasculaires cérébraux. Ces problèmes de santé exigeaient un changement dans le mode de vie et des soins à long terme, choses pratiquement impossibles compte tenu de l'alimentation des gens et du manque d'équipement permettant de garder la forme. « Les gens mangent mal non par choix, mais par la force des choses, m'a confié Lindsay. C'est ça, la tragédie. »

Sur les réserves, il est tellement courant que les gens tombent malades en raison des mauvaises conditions que c'en est gênant. Au cours de la dernière décennie, les résultats de diverses études l'ont confirmé. Selon Santé Canada, le taux de diabétiques y est de trois à cinq fois plus élevé[3] que dans la population en général et le taux d'obésité, deux fois plus[4]. En outre, diverses autres maladies associées à un système immunitaire affaibli par le stress et une mauvaise alimentation sont répandues. Dans certaines communautés des Premières Nations, le taux de mortalité infantile est quatre fois plus élevé que le taux moyen dans le reste du Canada[5]. Le taux de VIH est

10 fois plus élevé dans les réserves que dans le reste du pays et le taux de tuberculose, 34 fois plus. Les urgences de santé publique, telle celle qui a été déclarée par diverses communautés des Premières Nations du Nord de l'Ontario le 24 février 2016, sont devenues la norme[6].

Dans les réserves, certains décès sont considérés comme dignes d'être rapportés, tandis que d'autres ne le sont pas. Ils comptent pour les maris, les femmes, les amis et les membres de la famille, mais pas pour le public. Vu de l'extérieur de la réserve, le diabète chez une Première Nation appauvrie n'est pas inhabituel ; on s'y attend. Même chose pour le suicide. Il passe rarement une semaine sans qu'une réserve ne se retrouve avec plusieurs décès sur les bras. Toutefois, si ces gens étaient morts d'un empoisonnement à la bactérie *E. coli*, cela ferait sûrement la une des journaux.

Nous ne savons pas avec certitude pourquoi il en est ainsi, mais nous avons toutes deux notre propre théorie sur la question. Pour Lindsay, cela a à voir avec l'existence, ou non, de solutions. En effet, le public considère que bien des problèmes que connaissent les réserves sont insolubles. Quand ils n'ont pas de solution, les gens se sentent déresponsabilisés et, en conséquence, font comme si les problèmes n'existaient pas. En revanche, on considère généralement que l'insalubrité de l'eau peut se corriger sans que cela nécessite un investissement massif ou un changement dans la structure de base des réserves. Quand on peut faire quelque chose mais que l'on choisit de ne rien faire, alors le problème n'est pas le manque d'argent ou de ressources. Cela en dit long tant sur nous-mêmes que sur la situation.

Je suis d'accord avec Lindsay. Cependant, je pense aussi qu'une mort par empoisonnement à la bactérie *E. coli* a plus d'importance aux yeux des gens qu'un suicide à cause de la manière dont on détermine qui, au final, est responsable. Si quelqu'un boit de l'eau contaminée par la bactérie *E. coli* et en meurt, ce n'est assurément pas de sa faute. On peut toutefois pointer du doigt un responsable. Par contre, si une personne se suicide, on pense que, d'une certaine manière, elle l'a fait par choix. Personne n'est à blâmer. Pour cette raison, un suicide dans les réserves des Premières Nations est considéré comme un problème moins grave qu'un décès pour cause d'eau contaminée.

Je reconnais que mes arguments ne résistent pas à l'examen. Personne ne croit vraiment qu'un enfant de neuf ans fait le choix rationnel de se suicider. Ou encore, qu'une personne choisit d'être malade. *Tiens, je prendrais volontiers un diabète. De préférence de type 1. Précoce.* Et pourtant, à la lecture des résultats des études et des discussions qui s'ensuivent, force est de constater que, d'une certaine façon, on cherche à justifier le fait que le taux de suicide dans nos réserves est l'un des plus élevés au monde. Il nous paraît acceptable que, dans une nation d'abondance, dans l'un des rares pays qui est un exportateur net d'aliments, un groupe de gens ait faim.

Lindsay MacMillan croit que tout compte rendu de la crise de l'eau doit tenir compte de ces enjeux et expliquer en quoi les conditions sur la réserve causent des problèmes de santé. Elle pense aussi que le conseil de bande s'est servi du problème de l'insalubrité de l'eau dans le but de soulever les vrais problèmes, à savoir que les conditions de vie sur les réserves sont telles qu'elles rendent les gens malades. À la fin de notre conversation, je lui dis que je vais partir en quête d'une personne à interviewer qui sait vraiment de quoi il retourne.

Jusqu'à présent, j'ai interviewé bien des gens – des résidents de la réserve, des enseignants, des infirmières, des responsables de la station d'eau et des membres du conseil – et je n'en ai tiré que des fragments d'information, de minuscules morceaux d'un récit qui, parfois, se contredisent l'un l'autre. Je dois mettre la main sur quelqu'un qui m'aidera à coller tous ces morceaux, qui pourra me dire si, oui ou non, le conseil de bande a monté un canular. J'espère qu'en continuant à poser des questions, je finirai par avoir des réponses.

Quelques jours après ma conversation avec Lindsay MacMillan, je trouve quelqu'un parmi les dirigeants de Kashechewan qui est prêt à faire des déclarations officielles.

Il s'appelle John Koosees. En octobre 2005, il agissait comme « coordinateur de la crise de l'eau », ce qui consistait, entre autres choses, à discuter de la réponse à donner par les dirigeants et à aider à la formuler. Je n'ai jamais su pourquoi il a accepté que je l'enregistre. Je l'avais rencontré quelques jours auparavant dans le cadre de ses fonctions au sein de la communauté. Il m'avait dit qu'il avait fait beaucoup pour aider les enfants de Kashechewan, y compris en travaillant comme conseiller auprès des jeunes, conseiller en matière de dépendance et intervenant en cas de crise, mais qu'il était difficile d'obtenir quelque résultat que ce soit tellement la situation était affligeante et décourageante, à un point tel que bien des gens préféraient fermer les yeux.

Je me retrouve donc à son bureau à l'extrémité ouest de la ville. Je monte l'escalier et frappe à la porte.

« Entrez ! » lance une voix masculine.

Un homme aux yeux d'un noir profond m'accueille d'une poignée de main ferme. Musclé, il fait environ 1,75 mètre. Nous traversons le vestibule pour nous rendre à son bureau. Sortant mon matériel d'enregistrement, je lui demande de me parler de la crise de l'eau. Il prend une grande respiration, puis me raconte ce qui s'est produit.

Avant la crise de l'eau, Kashechewan allait mal. Le surpeuplement causait des problèmes de santé. Edward Sutherland, le directeur du programme de santé, tentait de sensibiliser les autorités compétentes à la situation en leur expédiant des rapports écrits, mais il ne se passait rien.

Le 14 octobre 2005, on a découvert que l'eau était contaminée par la bactérie *E. coli*[7]. D'abord, personne n'y a prêté attention. D'accord, il y avait eu une éruption de bactéries mortelles dans l'eau de la réserve d'une Première Nation. Et alors ? (Comme 75 000 membres des Premières Nations n'avaient pas d'eau potable, comment intéresser quiconque à ce problème ?)

Et pourtant, il fallait faire quelque chose. On ne pouvait tolérer qu'il y ait autant de gens malades au sein de la communauté. On ne pouvait demander aux parents de regarder leurs enfants se suicider sans rien faire. Edward Sutherland a alors communiqué avec le docteur Trusler. C'était un défenseur connu des droits des Premières Nations, quelqu'un qui n'hésitait pas à se donner du mal pour aider.

C'est alors que la docteure MacMillan, le docteur Trusler et M. Bowen sont venus sur la réserve et ont pris des photos des pièces surpeuplées, des gens malades, des toilettes bouchées et des accumulations de moisissures. Par la suite, au dire de Lindsay MacMillan, des photos de gens présentant des maladies cutanées ont été envoyées aux médias avec l'explication que celles-ci résultaient d'un empoisonnement à la bactérie *E. coli*.

Mais était-ce un canular ? Bien que je le cuisine à ce sujet, je n'en apprends guère plus. J'ai un peu plus d'information, mais rien qui soit à la hauteur de mes attentes. Une autre piste prometteuse qui se transforme rapidement en cul-de-sac.

Comme c'est souvent le cas, la conversation porte ensuite sur le suicide. Il travaille désormais à temps plein à gérer ce problème qui vire à l'épidémie. Ses clients sont tous âgés de moins de 16 ans. Il me parle de certains d'entre eux. À la fin de l'année, il y aura eu 34 tentatives de suicide par prise de comprimés, par pendaison ou par sectionnement des veines des poignets. Je note frénétiquement, mais je n'arrive pas à suivre le rythme. Au bout d'une heure, le temps qui m'était consacré est passé et je dois partir. John Koosees se penche en arrière et soupire. Je lui jette un coup d'œil ; avec un demi-sourire un peu triste, il se lève et me raccompagne à la porte.

Chapitre 9

Comparaisons

Répétez continuellement à une personne qu'elle est inférieure et elle finira par accepter la fausse image que vous lui avez donnée d'elle-même.

HAROLD CARDINAL, activiste et auteur cri

Je n'ai pas cessé de penser à mon interview avec John Koosees; elle me hante toujours. Il me semble évident qu'un parent ne peut rester les bras croisés à regarder ses enfants mourir – ne peut rester coincé sans avoir accès à une sortie – sans chercher à poser un geste radical. Je tente de mettre cette idée en parallèle avec tout ce que j'ai appris au sujet de la réserve, de manière à recoller tous les morceaux de ce qui s'est réellement passé en octobre 2005, mais personne parmi les dirigeants de Kashechewan ne veut me donner l'information dont j'ai besoin. Je dois donc faire une demande d'accès à l'information et attendre.

Entre-temps, la ville est au beau milieu d'une crise de suicides. Il y a deux semaines, une jeune fille de 15 ans a tenté de se suicider en se pendant dans sa chambre. Heureusement, son père l'a découverte avant que la corde ne lui serre trop la gorge, puis il a fait ce que tous font quand quelqu'un cherche à s'enlever la vie: il l'a envoyée par hélicoptère à l'hôpital le plus proche, dans ce cas celui de Timmins.

La date n'est pas anodine – c'était le soir précédant le premier anniversaire du suicide réussi d'une fille de la réserve âgée de 14 ans. Plusieurs craignent que cette tentative en inspire d'autres et qu'il y ait une vague de suicides.

Les tentatives de suicide ne sont pas rares dans cette petite communauté de 1 800 âmes. Il y en aura eu 34 quand l'année se terminera[1]. Selon les statistiques du service de police NAP, il y en a en moyenne 16,2 par an. Il faut aussi compter avec les pactes. En janvier 2007, 21 personnes, surtout des enfants, dont certains âgés d'à peine 9 ans, ont conclu un pacte de suicide en prenant une surdose de médicaments. Heureusement, on les a découverts avant que les médicaments les tuent. Ce même mois, des filles âgées de 9 à 12 ans ont fait un pacte semblable. À l'été 2006, cinq filles et deux garçons de 7e année ont tenté de se suicider à l'aide de médicaments qu'ils ont avalés dans les toilettes des filles de l'école.

À la suite de cette dernière tentative, les enseignants ont décidé de surveiller tout élève dont les agissements paraissaient étranges ou qui disait vouloir mourir. On nous a tous demandé de garder les yeux ouverts. Ce n'est pas une véritable stratégie contre le suicide, mais c'est mieux que rien. C'est ainsi que je me retrouve, un samedi soir, à écouter la conversation d'un groupe d'enfants âgés de 9 à 14 ans qui se tiennent sur la véranda d'un des magasins du coin. Je cherche à me montrer discrète mais Tom, un garçon sociable âgé de 9 ans, remarque que je suis en train d'écouter la conversation.

« Alex. (Pause.) As-tu déjà tenté de te suicider ?

— Quoi ? » *Lit-il dans mes pensées ?*

Il fait comme si ses mains étaient un nœud coulant et qu'il s'étranglait.

Il me demande de nouveau si j'ai déjà tenté de me suicider.

Je suis étonnée. Tom est considéré comme un être plutôt insouciant. Je lui réponds que non.

« Pourquoi ?

— Parce que j'aime la vie.

— Elle l'a fait », dit-il en pointant du doigt Kristal, une fille maigrichonne de 14 ans.

Je la regarde. Elle ne semble pas déprimée. Tout chez elle reflète plutôt la personne qui prend soin d'elle-même : à Kashechewan, il n'est pas facile de rester propre compte tenu de la poussière et, pourtant, ses vêtements – veste à carreaux et jean moulant – sont impeccables.

Elle lance un regard furieux à Tom.

« Ce n'est pas vrai, dit-elle.

— Oui, elle l'a fait », rétorque-t-il.

Comme pour le contredire, Kristal remonte la manche de sa veste et me montre son bras droit. Il est traversé de quatre cicatrices pourpres. Elle semble s'être entaillée à l'aide d'un rasoir. S'agit-il d'une tentative de suicide ou de coupures ? Difficile à dire.

« Où t'es-tu fait cela ? lui demandé-je.

— Dans la chambre de mes parents.

— Quelqu'un est-il au courant ?

— Non. Je fais ça depuis un bon bout de temps, mais je n'en parle à personne.

— Allons-y ! » dit Tom.

Je les regarde descendre l'escalier. J'aimerais faire quelque chose, mais il n'y a rien à faire. Ce n'est pas une tentative de suicide, plutôt de l'automutilation. Selon les enseignants, un enfant sur quatre s'entaille ou se brûle lui-même. C'est une manière pour eux d'engourdir la douleur intérieure qui résulte de la vie dans une réserve en proie à de multiples problèmes. Bien qu'il s'agisse d'un appel au secours, cela ne met pas immédiatement en danger la vie de l'enfant ; autrement dit, il ne s'agit pas d'une crise aiguë. Par conséquent, on n'apporte aucune assistance immédiate. La priorité va aux suicides – Karen Wynne et John Koosees sont justement là dans ce but –, mais, en ce qui concerne l'automutilation, l'élève doit attendre la visite mensuelle de la conseillère Joan Barker, voire plus longtemps encore. Il faut parfois attendre six mois avant d'obtenir un traitement en dehors de la réserve dans le cadre d'un programme de traitement interne contre les dépendances.

Avant de venir à la réserve, je croyais qu'il y avait beaucoup de programmes d'aide pour les enfants qui ont subi les contrecoups de l'héritage des pensionnats autochtones. Cette croyance s'appuyait sur les excuses que le premier ministre Stephen Harper a présentées en 2008. Le 11 juin de cette année-là, à la Chambre des communes, il a dit: « Le gouvernement reconnaît aujourd'hui que les conséquences de la politique sur les pensionnats indiens ont été très néfastes et que cette politique a causé des dommages durables à la culture, au patrimoine et à la langue autochtones. » Il s'est alors engagé à ce que la « Convention de règlement relative aux pensionnats indiens [s'inscrive] dans une démarche de guérison, de réconciliation et de règlement » et a affirmé qu'il s'agissait « d'une étape positive dans l'établissement d'une nouvelle relation entre les peuples autochtones et les autres Canadiens et Canadiennes ».

Ces promesses ont duré quelques années, jusqu'à ce que la guérison et la réconciliation s'avèrent trop coûteuses. En mars 2010, en raison de restrictions budgétaires, les programmes de guérison traditionnels de même que l'organisme qui les administrait, la Fondation autochtone de guérison, prenaient fin avant même d'avoir pu atteindre les communautés en proie à des troubles, telle celle de Kashechewan. Dans tout le pays, des gens ont manifesté contre ces coupes. À Montréal, on pouvait lire sur les pancartes des manifestants des phrases telles que *Stop the Attack on Native Communities* (Cessez de vous en prendre aux communautés autochtones), *500 Years on Stolen Native Land* (500 ans spoliés de nos terres ancestrales) et *Apology ? Hypocrisy !* (Apologie ? Hypocrisie !) À Ottawa, un sit-in devant le bureau de Chuck Strahl, alors ministre des Affaires indiennes et du Nord canadien, a mené à l'arrestation de six manifestants. Ils ont été emmenés, et voilà tout.

Ce n'était pas la première fois qu'on rompait les promesses d'aide aux Cris de Kashechewan. À la fin de 2005, dans la foulée de la crise de l'eau, alors que le pays avait les yeux tournés vers la réserve, les dirigeants ont demandé de l'aide pour gérer le taux de suicide, qui atteignait un sommet record. L'une des rares fois de son histoire, peut-être justement parce que le public s'y intéressait à la suite de la couverture médiatique de la crise de l'eau, la réserve a obtenu exactement ce que les dirigeants avaient demandé. Ottawa a promis d'améliorer « l'aide au niveau du counselling, du soutien psychologique et du travail social auprès des jeunes » dans la communauté et dans celles des autres de la région, et de rehausser « les services de prévention de la violence familiale et du suicide dans toute la région ».

Quand je demande ce qu'il est advenu de ces promesses, la réponse est étonnamment généreuse. « Tu connais les politiciens : ils sont portés à dire des choses puis, quand ils partent, ils sont portés à les oublier », m'a expliqué l'ancien directeur des services de santé, Edward Sutherland, qui travaille désormais comme coordinateur des ressources et de l'utilisation des terres. Il tient à donner le bénéfice du doute à ceux qui ont omis de remplir les promesses qu'ils ont faites à cette communauté aux prises avec des problèmes.

La communauté étant privée de ressources extérieures, le conseil de bande a mis sur pied son propre programme de prévention des suicides. En octobre, une marche a été organisée à travers la municipalité. John Koosees offre aussi parfois des soirées d'information dans ce sens. À l'automne, Karen Wynne a lancé un appel visant à recruter des bénévoles pour œuvrer à la prévention du suicide, mais, selon Scott Miller, l'infirmier de Kashechewan, personne ne s'est présenté.

La plupart des personnes que j'ai interviewées croient que ces programmes commencent à donner des résultats positifs, bien que le problème du suicide ne puisse se résoudre tant que les gens ne pourront subvenir à leurs besoins et occuper un emploi. À défaut d'emplois, il est pratiquement impossible de vivre sur la réserve et presque tout aussi impossible de la quitter. J'ai rencontré Meredith White, qui est âgée de 48 ans, quelques jours après qu'elle eut reçu son chèque de prestations sociales. Sans emploi depuis deux ans, elle m'a confié qu'il était très difficile de trouver du travail sur la réserve – elle a postulé auprès du conseil de bande, des deux écoles et de l'infirmerie, mais en vain.

Heureusement, son mari a un emploi à la Kashechewan Power Corporation, la compagnie de distribution hydroélectrique du coin, si bien qu'elle peut nourrir ses sept enfants, quoique pas très bien. Les choses ont atteint leur point culminant en 2009 quand elle a surpris Janine, sa fille de 15 ans qui souffrait de dépression, à tenter de se pendre dans sa chambre. Meredith l'a emmenée à l'infirmerie, qui l'a expédiée par hélicoptère à Timmins. À l'hôpital là-bas, Janine a consulté un psychologue. Son état semblait s'améliorer. La famille s'en est réjouie.

Lors de la tentative de suicide de Janine, on savait que le problème existait à Kashechewan ; on en discutait largement dans les médias depuis le pacte de suicide de 2007 entre 21 personnes. Le coroner de passage estimait que, à Kash, le taux de suicide était de 2,5 personnes par an, ce qui, pour une communauté de 1 800 résidents, équivaut à 12 fois celui de la moyenne nationale et en fait un taux plus élevé que celui de tout autre pays au monde. Considérant cette réputation à l'échelle nationale et internationale, Meredith présumait que l'aide continuerait d'affluer quand Janine reviendrait à la maison deux semaines plus tard.

Au retour de sa fille, elle a demandé l'aide du poste de soins infirmiers, mais celui-ci ne disposait d'aucun financement. Par conséquent, Janine ne pouvait obtenir les soins dont elle avait besoin. Quand elle a sombré à nouveau dans la dépression, Meredith a déménagé toute la famille à North Bay, à l'exception de son mari qui travaillait toujours à la compagnie d'électricité. Cependant, elle a découvert rapidement que son expérience de travail limitée faisait d'elle une mauvaise candidate à l'emploi. Au bout d'une année à chercher des emplois de débutante dans des endroits comme Walmart, elle avait dépensé toutes ses économies et a dû retourner à la réserve. « Nous avons essayé », disait-elle en haussant les épaules, tandis qu'elle me racontait son histoire.

Bien des dirigeants des Premières Nations, dont Abraham Metatawabin de Fort Albany (chef au milieu des années 1960) et M. Reuben, reconnaissent qu'il existe un lien entre le suicide et le chômage. Pour corroborer cette théorie, ils rappellent que, jusque dans les années 1960, l'idée même du suicide n'existait pas chez les Cris. Ils n'avaient même pas de nom pour ça. Personne ne s'enlevait la vie, du moins cela ne se produisait pas à une fréquence suffisante pour marquer la conscience de la communauté au point d'en créer le concept. Toutefois, durant la décennie où l'on a accordé le droit de vote aux Premières Nations, les gens ont commencé à se suicider. Ce n'est pas le droit de vote qui a causé la chose, c'est plutôt que les Autochtones devenant des citoyens à part entière, le gouvernement a commencé à s'intéresser à eux de plus près et a introduit d'autres politiques sociales destinées à façonner leur comportement.

Ces changements visaient à sédentariser ceux qui étaient des chasseurs nomades. Au cours de cette décennie, on a construit un plus grand nombre d'habitations afin d'encourager les gens à renoncer à leur vie nomade et à s'installer à un endroit. Pour adoucir la chose, les gouvernements provinciaux ont introduit des programmes de prestations sociales, tels que l'Indian Welfare Agreement de l'Ontario de 1965, lesquelles étaient versées aux deux semaines ou une fois par mois. Comme les gens devaient être à proximité du bureau des prestations sociales pour récolter leur chèque, ils ne pouvaient plus s'éloigner sur leurs terres. Les Cris et les autres Premières Nations ont dû abandonner un mode de vie que l'on a souvent qualifié de misérable, mais qui leur assurait l'indépendance et qui était gratifiant. « Il y a bien des années de cela, notre peuple était autonome, écrit Harold Cardinal. Nous subsistions grâce à la chasse et à ce que la nature nous fournissait. Nous avions la vie dure, mais nous vivions comme des hommes. Seul un fou choisirait d'aller travailler ou de chasser et de faire face aux difficultés de gagner sa vie alors qu'il n'a qu'à s'asseoir et à attendre de recevoir de la nourriture et tout ce dont il a besoin d'autre pour vivre[2]. »

Comme il est désormais plus difficile de s'en sortir et que de plus en plus de gens ont opté pour les prestations sociales au détriment de leur indépendance, de nombreux écrivains des Premières Nations, tels que Harold Cardinal, Howard Adams et Calvin Helin, estiment que ce qui semble être, de prime abord, un don d'argent constitue, en fait, une prison pour la pensée libre et l'âme. L'aide sociale a un prix, celui de l'autonomie et de l'indépendance. C'est le paiement qu'on reçoit en échange de sa coopération et de son silence. « Ce n'est pas tant le don en soi que ce qu'il implique », écrit Harold Cardinal dans son livre *The Unjust Society*. « Quand cet homme vous regarde en vous tendant le chèque et que vous le prenez, vous savez ce que cela veut dire. Cela implique que vous n'êtes pas assez viril pour gagner votre vie, pas assez viril pour nourrir, vêtir et loger votre femme et vos enfants. C'est à ce moment-là qu'un Indien se met à détester l'aide sociale[3]. »

Quand le montant de l'aide sociale a augmenté, diverses politiques gouvernementales ont rendu le retour à l'autonomie encore plus difficile. Les déplacements avaient éloigné les Autochtones des régions riches en ressources – pêche, foresterie, mines, pétrole et gaz naturel. À la suite de ces déplacements, leurs économies traditionnelles se sont effondrées, tandis que les solutions de rechange modernes étaient annihilées par l'absence d'investissement dans les réserves et les dispositions anticommerciales de la *Loi sur les Indiens*.

Diverses études ont montré qu'il y avait une corrélation directe entre cette situation et le taux de suicide. La chercheuse la plus connue à cet égard est probablement Ronet Bachman, une sociologue américaine qui s'est penchée sur le lien existant entre pauvreté et suicide dans *Death and Violence on the Reservation : Homicide, Family Violence, and Suicide in American Indian Populations*[4], livre qu'elle a publié en 1992. En comparant les réserves américaines, elle a découvert que la violence familiale était le plus grand prédicteur de suicide. S'il y a eu un meurtre dans la maison, on y est plus susceptible de se suicider. Les autres plus grands prédicteurs sont la pauvreté et le chômage. Les réserves où le taux de chômage est le plus élevé sont celles où le taux de suicide atteint des sommets. Cela tient à diverses raisons : le fait de n'avoir rien à faire et nulle part où aller en se levant matin après matin, le piètre état de santé qui résulte de l'incapacité à se procurer des légumes frais, l'impossibilité d'acheter des vêtements ou des jouets à ses enfants, l'impossibilité de quitter la réserve, la perte de sens, la honte.

Après la publication de son livre, ses conclusions ont été citées dans le rapport de la Commission royale sur les peuples autochtones (CRPA) de 1996, qui s'en est servi pour recommander de nombreux changements destinés à favoriser l'enrichissement et l'autonomisation des Premières Nations. Ces changements devaient, entre autres choses, contribuer à améliorer la qualité de vie des gens et à abaisser le taux de suicide, lequel était, selon le rapport, extrêmement élevé. Les médias mettront quatre ans à reconnaître que c'était le plus élevé au monde[5]. Malheureusement, comme c'est le cas de bien d'autres études et rapports, les recommandations du rapport de la CRPA sont restées lettre morte, si bien que le taux de suicide demeure élevé.

Chez les jeunes des réserves, le taux moyen de suicide est de 5 à 7 fois plus élevé que celui du Canada. Dans les communautés éloignées, il l'est encore plus. À Kashechewan, on estime qu'il est 12 fois plus élevé que celui du Canada, alors qu'à Pikangikum (Ontario), il est 36 fois plus élevé[6]. En 2013 et en 2014, celui de la communauté oji-crie de Neskantaga (Ontario) était 96 fois plus élevé que la moyenne nationale, bien que les suicides collectifs qui ont eu lieu durant ces deux années, les seules pour lesquelles nous disposions de rapports, aient contribué à hausser le taux de base.

Si Ronet Bachman a raison, ces communautés doivent être désespérément pauvres, ce qui est effectivement le cas. Comme je l'ai mentionné, le taux chômage à Kashechewan est de 86 p. 100, celui de Pikangikum, de 90 p. 100 et celui de Neskantaga, de 85 p. 100. Ce qui signifie que, si l'on tient compte des prestataires d'aide sociale et des travailleurs, le revenu moyen dans ces deux derniers endroits est semblable à celui Kashechewan, soit de 9 741 $ par personne, et ce, dans des lieux où une grappe de raisins coûte 13,42 $. Dans ces conditions, il est difficile de se nourrir, encore plus de quitter la réserve pour chercher du travail.

Bien qu'on puisse difficilement déterminer si le lien entre pauvreté et suicide est valable dans toutes les réserves du Canada (la plupart ne calculent pas leur taux de suicide, tandis que les statistiques portant sur les revenus et sur le taux de chômage sont absents de bien des profils des Premières Nations à Statistique Canada), on peut pour le moins comparer les moyennes entre les nations. Au Canada, le taux de suicide sur les réserves est de 65 à 91 par tranche de 100 000, soit de 5 à 7 fois la moyenne nationale. Le revenu moyen des gens des Premières Nations vivant sur les réserves est de 14 000 $[7], comparativement à 33 000 $ pour tous les autres Canadiens, soit moins de la moitié. En revanche, aux États-Unis, le taux de suicide des jeunes Amérindiens est de 22,5 par tranche de 100 000, soit 2 fois la moyenne nationale[8]. Le revenu moyen des ménages sur les réserves y est de 38 583 $ (29 097 $ US), alors que la moyenne nationale est de 55 684 $ (41 994 $ US)[9]. Les Autochtones américains gagnent l'équivalent de 69 p. 100 du salaire moyen. Non seulement cette comparaison est-elle embarrassante pour notre pays, mais elle confirme la théorie de Ronet Bachman.

Ces chiffres ont de l'importance pour ce qu'ils nous révèlent à la fois sur la pauvreté et sur l'inégalité salariale. Ainsi, les gens des Premières Nations du Canada ne sont pas que pauvres, ils le sont relativement beaucoup plus que les autres Canadiens. C'est cette différence relative qu'on a étudié dans de nombreuses études, dont une britannique menée par Anne E. Kazak et ses collègues en 2008[10]. En se penchant sur la situation de 40 400 adultes, elle a découvert que le revenu était le plus grand prédicteur de bien-être. Les gens sont plus heureux quand ils ont le sentiment qu'ils s'en tirent bien comparativement à leurs pairs. Peu importe qui s'en tire bien ou mal, dans la mesure où les autres sont dans le même bateau.

Cet enjeu refait souvent surface dans les conversations à Kashechewan. Quand il est question du taux de suicide et de la pauvreté, on entend régulièrement les mêmes phrases: « Je n'arrive pas à croire que nous sommes au Canada » ou « Nous vivons dans l'un des pays les plus riches au monde et cela se passe devant notre porte ». Ce n'est pas le fait que le taux de pauvreté soit celui du tiers-monde qui est frustrant, mais le fait que cela se passe dans un pays où la richesse abonde. Que nos réserves autochtones manquent d'aliments frais et d'eau potable est déjà assez triste comme ça, mais c'est d'autant plus discordant quand on songe que notre pays se classe systématiquement dans le *top ten* de l'indice de développement humain.

Bien des dirigeants des Premières Nations ont tenté de changer cette situation. Le premier, du moins selon les documents historiques, était Frederick Ogilvie Loft, un Mohawk de la réserve des Six Nations, qui tenait le rang de lieutenant lors de la Première Guerre mondiale. Au bout de sept années de service, il est revenu ici, dans ce pays où les Premières Nations n'avaient pas le droit de vote et avait été, au cours des 40 années précédentes, dépossédées de l'essentiel de leurs terres après la signature des traités numérotés. Pour mettre fin à la dilapidation de leurs terres et améliorer les conditions de vie sur les réserves, Loft a fondé en 1919 la Ligue des Indiens du Canada, première organisation politique autochtone du pays.

C'était un moment historique, mais une victoire de courte durée. Ottawa a ignoré toutes ses communications et a déclaré que la ligue était formée d'une bande de communistes, au même titre que ceux de l'Industrial Workers of the World (IWW), de la One Big Union (OBU), et d'autres « organisations bolchéviques[11] ». Loft n'était rien d'autre qu'un opportuniste avide d'argent qui encourageait « les [Premières Nations] dans leurs doléances[12] ».

Déterminé à ne pas reculer, Loft a organisé des réunions dans les réserves du pays, il a écrit des articles et a accordé des interviews au *Globe*, au *Saturday Night* et au *Toronto Star Weekly*. Comme le gouvernement l'isolait de plus en plus, il a quitté le pays, puis il est tombé malade et est décédé. Dans certains rapports, on affirme que l'ostracisme et la surcharge de travail ont provoqué sa mort.

Loft a été le premier, mais il n'est pas inhabituel, dans l'histoire des Premières Nations, de voir des gens sonnant l'alarme et donnant le meilleur d'eux-mêmes afin de changer les conditions de vie sur la réserve et qui se retrouvent constamment bloqués dans leurs efforts. On pourrait même dire, certains l'ont fait, que c'est la norme. Cela a été le destin des chefs de Kashechewan Andrew Reuben, Dan Koosees et Willie Wesley. Celui aussi de ceux d'autres communautés, tels Abraham Metatawabin, l'ancien chef de Fort Albany, Joseph Onasakenrat, un chef mohawk, et Shawn Atleo, l'ancien chef national de l'Assemblée des Premières Nations. Tous ont combattu pour obtenir de meilleures conditions de vie sur leurs réserves – habitations salubres, protection contre les incendies, nourriture abordable et eau potable – et ont connu d'innombrables échecs. Parmi eux, seuls les dirigeants d'une communauté ont réussi à éveiller suffisamment la sympathie du public pour changer son destin. Malheureusement, pour y parvenir, il leur a fallu embellir la vérité.

Chapitre 10

Quand les eaux envahissent tout

Nous devons combattre tellement de choses…
Jusque dans les années cinquante, nous survivions…
Puis, la grosse machinerie est arrivée, elle nous a déplacés…
Les camions à bois ont détruit nos terrains de trappage.
Après la machinerie, l'aide sociale est venue[1].

MARY JOHN, Aînée de la bande amérindienne
de Stoney Creek (C.-B.)

J'ai toujours besoin du CD de Carol Laronde pour compléter mes investigations, mais je ne pourrai pas vivre ici beaucoup plus longtemps. Mon corps me lâche, mes troubles pulmonaires et cutanés persistant. Je crois que ces deux problèmes sont reliés d'une certaine façon, mais j'ignore quoi faire de ce savoir. Pas évident de trouver quelqu'un qui puisse m'aider. La plupart des gens sont stressés à l'extrême.

Je ne peux dormir que si je prends des cachets et de la vodka. Dans la réserve, l'alcool rend bien des choses plus supportables : ça ne m'embête pas de vivre dans un placard à balais sans porte ; l'homophobie me laisse indifférente ; le bruit constant devient tolérable, de même que les chiens errants agressifs et les brûlures, coupures et cicatrices de suicide sur les bras des enfants.

Parfois, je m'abstiens de boire. Le fait d'y parvenir m'apporte un semblant de maîtrise de moi-même, mais les nuits sans sommeil sont alors encore pires. Le lendemain matin, je suis sonnée et anxieuse. Je fais des gaffes, habituellement de peu d'importance, heureusement. Ainsi, l'autre jour, j'ai effacé une interview de 90 minutes avec Edward Sutherland. Je dois le persuader de la reprendre, chose qui, dans un endroit où personne ne répond au téléphone ou aux messages, ne sera pas simple. D'autres fois, c'est plus grave. Par exemple, j'ai laissé tomber mes clés dans la neige. Je ne m'en suis aperçue que quand j'ai mis la main dans ma poche devant la porte.

« Foutre de merde ! » ai-je crié en martelant la porte.

Deux filles de huit et neuf ans jouaient dans la neige du fossé.

« As-tu insulté mon amie Rosie ? m'a demandé la fillette de neuf ans.

— Non, ai-je répondu. J'ai juré, mais je n'ai pas insulté Rosie.

— Tu l'as insultée. Je t'ai entendue.

— Non, je ne l'ai pas fait. »

Plutôt que de m'expliquer, j'ai pris la fuite.

Je mesure mal la gravité de ce qui m'arrive. Mon humeur changeante n'est pas idéale, mais on m'a dit que, pour survivre dans une réserve du Nord, il fallait accepter l'inattendu. Et aussi savoir faire face à un degré de risque plus élevé qu'ailleurs. Il est vrai que j'ai besoin de substances chimiques pour rester calme et dormir, mais, au moins, je peux fonctionner à peu près correctement le lendemain. Comme Jill, les membres de ma famille et mes amis ont remis en question ma capacité à faire face à la situation à Kashechewan. Je tiens le coup en me disant que j'arrive à accomplir mon travail, même s'il y a de plus en plus de raisons de croire le contraire. Je m'accroche à cette idée, alors que les conditions de vie dans la réserve érodent les autres aspects de ma confiance en moi-même, à savoir que je suis une personne équilibrée et résistante, que je ne réagis pas exagérément et que j'ai de la facilité à résoudre les problèmes. Une nouvelle piste dans mes investigations appuie ce qui est désormais une bouée des plus fragiles : malgré le fait que je m'effondre physiquement et mentalement, j'arrive à faire marcher mon magnétophone et à être cohérente dans les questions que je pose.

J'ai découvert que la crise de la bactérie *E. coli* de 2005 n'était pas la seule ; il y en a eu une autre au début du printemps de l'année suivante. Cependant, contrairement à la première, celle-ci n'a pas fait l'objet d'une couverture médiatique. Rien dans le *Toronto Star* ou le *Globe and Mail*. Comme tout radioreportage sur Kashechewan doit explorer les raisons ayant permis que la crise ait une portée internationale, je me demande pourquoi la première crise d'*E. coli* a causé une panique générale alors que, l'année suivante, le même événement a à peine suscité l'intérêt du public. J'essaie de programmer des interviews sur cette question quand je rencontre, de manière fortuite, Julie Wesley au poste des soins infirmiers où elle travaille après avoir suivi des cours au Northern College de Timmins. Elle a des cheveux noirs droits attachés en une queue de cheval bien nette, des yeux doux et une bouche qui sourit facilement. En plus de son travail de conseillère en matière de dépendances, elle fait partie des dirigeants de la communauté ; elle siège à divers comités dont ceux du pow-wow de Kashechewan, du James Bay Mental Health et du Kashechewan Youth Leadership.

Il se trouve que nous avons un ami en commun, Andrew Wesley, un Aîné cri qui m'a donné un coup de main lors de la rédaction d'autres articles portant sur des questions autochtones et qui vit désormais à Toronto. C'est peut-être pour cela qu'elle accepte de me parler deux jours plus tard, après son travail.

Tandis que le soleil se glisse derrière les nuages, je prends un taxi pour me rendre chez Julie Wesley, en passant devant la boutique de vidéos sans affiche, le magasin de Philip et l'endroit où, trois semaines auparavant, un enseignant s'est cassé la jambe en glissant sur un chemin glacé qui n'avait pas reçu de déglaçant. Depuis la voiture, je peux voir un toit sur lequel gisent, gelés, quatre chiens, soit un labrador et trois bâtards. On les a abattus et mis là afin d'éviter que les loups les dévorent. Ils ne seront enterrés qu'au printemps quand le sol dégèlera. On m'a dit qu'on abattrait d'autres chiens à mesure que la saison des inondations approcherait. On considère que de mettre fin à leurs souffrances est une forme de compassion ; en effet, ils risquent de manquer de nourriture si la réserve est inondée.

Je paie 4 $ au chauffeur de taxi, puis je frappe à la porte de Julie. Elle m'ouvre. Ses yeux sont gonflés.

« Ça va ? je lui demande.

— Pas vraiment. »

Elle a peu dormi. Les dernières nuits, elle a fait des cauchemars ; elle a rêvé que la réserve était inondée et qu'elle se réveillait dans l'eau glacée, incapable de respirer.

Les inondations font partie de la vie de la réserve, tout comme le suicide et la mauvaise nourriture ; elles sont incontournables. Chaque année, des maisons risquent d'être emportées par l'eau ou inondées par les eaux usées. Compte tenu de cette menace permanente, il est pratiquement impossible de mettre sur pied des entreprises prospères ou de convaincre l'industrie privée d'investir dans la réserve.

En principe, la ville doit être évacuée chaque année avant le début des inondations. Pour évaluer la probabilité d'une inondation, un représentant du conseil de bande mesure chaque jour la profondeur de l'eau à trois endroits de la rivière Albany. Tous les jours, on mesure également la vélocité de l'eau et l'épaisseur de la glace, et on envoie ces résultats au Ministère, lequel décide si ces derniers justifient une évacuation. Cependant, compte tenu des restrictions budgétaires, on attend à la dernière minute pour évacuer, le cas échéant. L'évacuation par avion de 1 800 personnes depuis un endroit où il n'y a pas de route demande habituellement deux semaines. Ce serait OK si la rivière n'était pas de nature changeante. Avec les marées, l'accumulation de neige et la fonte au printemps, l'eau peut monter de cinq mètres en une seule journée. Mais la digue n'a que neuf mètres de hauteur et, selon un consultant externe de Hatch (une firme d'ingénierie), elle risque sérieusement de s'effondrer.

Dans la cuisine, nous grimpons sur des chaises, à côté des piles de jouets, de vêtements et de vaisselle posées sur la table, le comptoir de cuisine, voire toute surface libre. Dans cette habitation comprenant trois chambres à coucher, où vivent dix enfants et quatre adultes, il n'y a pas d'espace de rangement. Rougissant, Julie s'excuse de l'encombrement et du désordre. Je change de sujet et lui demande de me parler de la crise de l'eau de 2005. Malheureusement, elle ne sait rien à ce propos, car elle vivait à Timmins à l'époque. Mais elle répond à mes autres questions. Selon elle, la raison pour laquelle les médias ne se sont pas intéressés à la crise d'*E. coli* de 2006 tient à la fois aux circonstances entourant celle-ci et à sa cause : elle n'était pas attribuable à des erreurs commises par les employés de la station de traitement des eaux, mais plutôt à l'eau qui avait inondé la station. À ce moment-là, Kash était déjà une ville fantôme, la plupart des gens ayant été évacués.

Je lui explique les difficultés que j'ai à faire parler les gens. Elle compatit. La population de Kashechewan a traversé de dures épreuves, explique-t-elle. Au fil des générations, on lui a fait subir des choses terribles. Je dois persister. Il pourrait être utile que quelqu'un de la place se porte garant pour moi. Si je le désire, elle pourrait être cette personne. Elle le fera savoir aux gens ce soir sur Facebook.

Je la remercie. Au moment de partir, Julie me donne une liste de noms de personnes avec qui communiquer de même que leurs numéros de téléphone ; ceux d'Enoch Williams, coordinateur en matière d'inondations, et d'Edward Sutherland y figurent. Comme ce dernier a été mentionné à quelques reprises dans diverses conversations, je décide de me rendre à son bureau en taxi.

À quelques pâtés de maison du bâtiment, j'aperçois un groupe de 4 garçons d'environ 15 ans vêtus de parkas qui se tiennent au milieu de la route. Ils regardent Jane, une fille de 12 ans qui se trouve à environ 20 mètres d'eux. Son regard me fait penser à celui d'un étourneau dans les griffes d'un faucon. Elle regarde fixement les garçons tout en tripotant son sac à dos. Je l'ai rencontrée à quelques reprises lors d'événements communautaires, notamment à des enterrements et à la fête de l'Action de grâce. Elle me fait penser à moi à son âge : elle rêve d'être écrivaine et *Harry Potter* est son livre préféré. Je regarde de nouveau les garçons. La scène devient floue durant une fraction de seconde, puis je me rends compte que Jane a été frappée par une pierre. Elle se sauve.

C'est la troisième fois que je vois des enfants se lancer des pierres. L'instantanéité de la chose a de quoi étonner : un enfant ramasse rapidement une pierre au sol, la lance et s'enfuit ou, au contraire, reste immobile, puis, tout aussi rapidement, il réprime son explosion de colère. Chacun se conduit alors comme on le fait généralement à Kashechewan au moment d'une crise, qu'il s'agisse d'un suicide, d'un incendie criminel ou d'une inondation, comme font les gens en présence d'un problème grave et en l'absence d'aide: on agit comme s'il ne s'était rien passé.

Nous arrivons au bâtiment qui abrite le conseil de bande. Le bureau d'Edward Sutherland se trouve dans le sous-sol. Je passe à côté de l'employé qui semble laver le plancher en permanence et je descends.

M. Sutherland me sourit et me serre la main d'une poignée ferme. Il me demande ce que je pense de Kash. Je lui réponds que c'est bien.

Nous parlons des inondations sur la réserve. C'est un problème depuis 1957. Cet été-là, un agent des Indiens s'est rendu en avion à l'endroit où vivait la communauté, c'est-à-dire sur les îles Sinclair et Anderson. Puis, il est allé voir les familles dans les maisons longues et les tentes. Il a alors recommandé de déplacer la réserve à un endroit plus pratique, à proximité du magasin de la Baie d'Hudson. Les résidents ne voulaient pas déménager, soulignant que l'endroit proposé était tout à fait inapproprié: situé au centre d'une dépression, c'était le point le plus bas sur une surface de 150 kilomètres carrés. Au confluent de quatre cours d'eau – Albany, Yellow Creek, Chicknick Channel et Stomping –, il était connu pour ses inondations.

Deux mois après la visite de l'agent des Indiens, ils n'avaient toujours pas déménagé. Ottawa a donc envoyé la GRC. Sans protester, ils se sont rendus dans un endroit marécageux situé à 500 mètres de là. Le Ministère a alors donné un nouveau nom à la réserve, une version erronée de Keeshechewan, ce qui, en cri, signifie « endroit où les eaux coulent rapidement ». L'endroit détrempé et la mauvaise traduction donnèrent Kashechewan.

Comme il fallait s'y attendre, les eaux ont commencé à monter. La première inondation majeure attestée s'est produite le 26 avril 1976 et a été rapportée tant dans le *Toronto Star* que dans le *Globe and Mail*. Les résidents ont été laissés en rade sur des tas de glace, tandis que de gros tessons glacés débordant de la rivière Albany traversaient leurs maisons. Il faisait -20 °C. Alors que l'eau montait et qu'ils attendaient d'être évacués par hélicoptère, ils n'ont eu d'autre choix que de se blottir les uns contre les autres pour se réchauffer. Personne n'a eu le temps de récupérer ses biens personnels. Selon la une du *Toronto Star* du 26 avril, seuls quelques chiens et quelques chats étaient restés au village, comme on pouvait le voir depuis les hélicoptères qui volaient au-dessus des zones à proximité au cas où des gens auraient été bloqués par la montée abrupte des eaux. Selon un article publié deux jours plus tard dans le *Globe and Mail*, toute la population de la ville, qu'on estimait entre 600 et 800 personnes, avait été amenée par hélicoptère à Fort Albany, située à 16 kilomètres au sud... Impossible de savoir quand ils pourraient retourner dans la réserve.

Par la suite, les inondations se sont faites plus fréquentes, en conséquence de la croissance de la population, du réchauffement climatique et de la déforestation. En 2010, on estimait qu'elles se produiraient tous les quatre ans environ. Aujourd'hui, il y en a pratiquement chaque année.

Reste à savoir si ce déménagement était légal, voire moral. Onze ans auparavant, soit en 1948, le Canada avait signé la *Déclaration universelle des droits de l'homme*. Le plus gros de ce document était conçu justement pour prévenir les événements qui s'étaient produits à Kashechewan. Selon divers articles de la *Déclaration*, le déménagement forcé de personnes est interdit:

«Article 3: Tout individu a droit à la vie, à la liberté et à la sûreté de sa personne.

Article 7: Tous sont égaux devant la loi et ont droit sans distinction à une égale protection de la loi. [...]

Article 17: [...] Nul ne peut être arbitrairement privé de sa propriété.»

Mais au moment où on a déménagé Kashechewan, tous étaient au pensionnat. Autrement dit, ils passaient leurs journées à travailler sur la ferme et à prier – on ne leur enseignait pas des matières telles que la loi et la justice. La plupart des gens n'étaient pas au courant de l'existence des Nations Unies, m'a expliqué Reuben quand j'ai insisté plus tard pour qu'il m'en parle, encore moins du fait que le Canada avait signé un accord qui aurait pu leur offrir une protection légale. Pas plus qu'ils ne pouvaient porter la cause devant leur représentant politique, puisqu'ils n'en avaient pas, le vote leur étant interdit à l'époque. (Le Canada faisait obstacle sur ce front; il a accordé le droit de vote aux Premières Nations en 1960, alors que, aux États-Unis, il avait été accordé aux Autochtones en 1924 et, en Nouvelle-Zélande, aux Maoris en 1867.)

Bien que, en théorie, ils auraient peut-être pu retourner sur leurs terres une fois l'agent des Indiens parti, personne n'aurait osé le faire. Songez au cadre juridique dans lequel on les avait déménagés: ils avaient à peu près les mêmes droits qu'un Noir sous l'apartheid, c'est-à-dire pratiquement aucun. L'agent des Indiens, qui venait à la réserve tous les trois mois, avait un pouvoir quasiment absolu sur leurs existences. Il décidait où vivaient les gens, qui pouvait ouvrir un commerce, ce qu'on pouvait y vendre, en quelle quantité et à quel prix, si on pouvait déménager une maison et quelle était la punition adéquate pour un parent qui décidait de ne pas envoyer ses enfants au pensionnat.

Comme ils avaient peu de pouvoir de décision, bien des Autochtones étaient incertains quant à leurs droits. La plupart présumaient que ce que faisait le Ministère, aussi injuste que cela pût paraître, était dans les règles et qu'ils ne pouvaient protester légalement, confie Andrew Wesley, un Aîné originaire des environs de Kashechewan et qui considère la ville de Fort Albany comme son lieu de résidence. « Nous suivions leurs règles parce que nous craignions qu'ils viennent à la réserve, nous arrêtent et nous mettent en prison. »

Dans ce cadre juridique, on pouvait facilement déplacer les Autochtones, même si cela allait à l'encontre des promesses faites dans les traités numérotés du XIXe siècle et de la Proclamation royale de 1763. Et l'on a pu facilement continuer de les déplacer comme s'il s'agissait de mobilier dont on ne veut plus bien après l'ère de la « survie du plus apte » dont parlait Herbert Spencer et de l'expansion coloniale du XIXe siècle, et ce, jusqu'à la fin du XXe siècle. Sur ce point, l'histoire du Canada diffère de celle des autres pays développés, tels les États-Unis et la Nouvelle-Zélande, qui ont aussi déplacé massivement leurs populations autochtones, mais qui ont essentiellement mis un terme à cette pratique au début du XXe siècle. Par conséquent, les Premières Nations du Canada ont comparativement moins de terres que celles de ces autres pays. Ainsi, aux États-Unis, où les Amérindiens comptent pour 2 p. 100 de la population, les réserves occupent 2,3 p. 100 du territoire du pays. En Nouvelle-Zélande, les Maoris, qui forment 14,6 p. 100 de la population, possèdent 5,5 p. 100 des terres. En revanche, au Canada, où les Autochtones comptent pour 4,3 p. 100 de la population, les réserves n'occupent que 0,2 p. 100 du territoire. Cela malgré le fait que le Canada est un pays peu peuplé, presque de la taille d'un continent et où les terres couvrent une surface un peu plus grande que celles des États-Unis, pour une population équivalant à un dixième de la leur.

Certaines communautés autochtones canadiennes ont été déplacées pour la première fois au début du XXe siècle. On leur a alors assuré qu'on honorerait leurs droits à leur terres traditionnelles et qu'on ne les déménagerait plus jamais. Pourtant, elles ont été déplacées à plusieurs reprises. C'est le cas des Inuits de Keewatin, des Micmacs de la Nouvelle-Écosse, des Inuits d'Hebron, des Innus Mushuau et des Inuits d'Ennadai Lake. Certaines populations ont été déplacées vers des endroits inhabitables, notamment les Cris de Kashechewan, qu'on a déménagés sur des terres inondables, et les Cris d'Oujé-Bougomou, qu'on a installés dans un terrain marécageux[2]. Les Gwa'salas ont été déplacés contre leur gré du village de Takush sur la côte de l'île de Vancouver vers trois maisons à Port Hardy dans lesquelles ils étaient de 20 à 30 à vivre. Comme il n'était pas possible de loger autant de personnes dans chacune des maisons attribuées par le gouvernement, ils ont tenté de retourner à leur village, mais le gouvernement a mis le feu à leurs anciennes maisons.

Si, comme l'écrivait Hannah Arendt, le mal a quelque chose de banal, le manque de prévenances dans la manière dont on a effectué ces déplacements en est un parfait exemple. Prenez, par exemple, les Dénés sayisis (c'est-à-dire le « peuple de l'Est » en chipewyan), qui vivent désormais dans la région nord du Manitoba. En 1956, le Ministère a conclu qu'ils n'avaient pas assez à manger et qu'il fallait donc les déplacer. (En fait, ils se nourrissaient bien, mais le Service s'était trompé dans le nombre de caribous composant les hardes.) L'endroit choisi, tout juste à la sortie de Churchill, au Manitoba, et qu'on a appelé « camp 10 », consistait en un affleurement rocher venteux de 100 sur 200 mètres environ, dénué d'arbres, d'installations sanitaires et d'eau fraîche, et accessible uniquement à pied. De plus, il était à côté d'un cimetière. Pour les Dénés sayisis, vivre à côté des morts constitue une tentation pour les mauvais esprits ; c'est un blasphème. Les gens se sont mis à raconter que, durant la nuit, ils voyaient des fantômes marcher autour du camp. Les eaux usées et les ordures ont commencé à s'accumuler. Le jour, les gens avaient faim. Les enfants fouillaient dans les ordures pour trouver de la nourriture. On ne voyait pas comment faire autrement malgré le fait que c'était dangereux, le camp 10 étant situé sur la route de migration des ours polaires. On estime que, en cinq ans, le tiers des Dénés sayisis a succombé à la maladie et à la malnutrition.

Songez aussi aux Innus Mushuau. En 1948, le gouvernement a décidé qu'ils devaient être déplacés de leur village de Davis Inlet vers Nutak dans le nord du Labrador, la raison invoquée étant que les caribous mouraient (une fois de plus une erreur dans le comptage). Sans les consulter, on les a embarqués dans des bateaux et on les a transportés à quelque 200 kilomètres de là dans un endroit où il n'y avait ni arbres ni gibier. La faim et l'alcoolisme y ont atteint des sommets. Au bout d'un peu plus d'un an, les Innus Mushuau ont décidé qu'ils en avaient assez et sont retournés à Davis Inlet. En 1967, Ottawa a tenté de répéter ces manœuvres malheureuses, une fois de plus sans consultation préalable ni planification. De nouveau, on a embarqué les Innus Mushuau sur des bateaux et on les a déplacés vers l'île Iluikoyak située sur la côte est du Labrador, dans un endroit étrangement similaire à celui du camp 10. Il s'agissait aussi d'un affleurement rocheux dénué d'eau courante et de gibier. On croyait que les Innus passeraient simplement de chasseurs de caribou à pêcheurs, non pas parce qu'ils en avaient le désir ou l'inclination, mais parce que ce nouveau site « n'était pas trop loin des lieux de pêche ». Comme on estimait qu'il en coûterait trop cher de percer le roc, les maisons ont été construites sans installations sanitaires. Les déchets et les ordures se sont accumulés. Le 28 janvier 1993, les

Canadiens ont pris brutalement conscience des effets de ces politiques quand on a fait circuler une vidéo montrant des enfants, dont le plus jeune avait neuf ans, planant au gaz. Certains d'entre eux criaient: «Je veux mourir, je veux me tuer.» Le chômage atteignait 80 p. 100. On disait que les trois quarts de la population étaient alcooliques.

Bien que de nombreux cas aient été rapportés, on ne sait pas combien de déplacements, comme celui des Dénés sayisis, ont eu lieu au Canada, entraînant la mort de très nombreuses personnes. On n'a mené aucune étude comparative sur les effets des déplacements des populations indigènes. L'information sur l'histoire des Autochtones canadiens manque souvent, parfois délibérément. Mais ce que nous savons est plutôt accablant. Ainsi, les études menées pendant quelque 20 ans et portant sur la dépossession des communautés ont toutes indiqué que les personnes déplacées souffraient du trouble de stress post-traumatique. Tous les déplacements ont également eu un effet négatif sur la capacité des gens à chasser et à survivre financièrement[3]. De plus, dans toutes les communautés que nous connaissons, le traumatisme extrême a entraîné des cas d'automutilation[4].

Après le déplacement forcé des gens de Kashechewan vers des terres inondables, on s'est adressé au Ministère afin d'obtenir des solutions. La première demande, faite en 1987, visait la plantation d'arbres près de la rivière Albany, afin qu'ils servent de tampon entre les glaces et le village et aèrent le sol. Cette demande a été refusée sans qu'on sache pourquoi, la réponse habituelle «ne répond pas aux critères requis pour le financement» étant vague; malgré mes courriels, le Ministère a refusé de me fournir de l'information à ce sujet. Six inondations plus tard, lesquelles ayant coûté chacune environ 15 millions de dollars pour les évacuations, la chance a fini par tourner. En 1996, Kashechewan a reçu un premier élément de protection contre les crues de l'Albany, soit une digue d'argile et de gravier de 6 millions de dollars. Mais dès le départ, la digue a présenté des problèmes: c'était une variante meilleur marché que celle que la communauté avait demandée et elle était dénuée des pentes douces qui permettent de ralentir les eaux plus rapides des crues. Ottawa n'a pas fourni de fonds pour l'entretien de la digue et, de son côté, la communauté ne savait pas comment entretenir les barrières anti-inondations. Compte tenu des températures nordiques extrêmes, elles se sont rapidement abîmées. L'année suivant la construction de la digue, la communauté a été de nouveau inondée. On s'est donc tourné vers d'autres mesures : en 2004, les dirigeants de la communauté ont demandé 100 000 $ pour reconstruire les caniveaux permettant d'éliminer rapidement l'excès d'eau et de limiter les dommages aux infrastructures. Le Ministère a refusé. En 2005, les crues s'aggravant et les caniveaux n'arrivant pas à évacuer les eaux résiduelles, la réserve a demandé 250 000 $ pour réparer le système d'évacuation des eaux usées et des eaux de surface. Le Ministère a répondu qu'il n'en avait pas les moyens. Aujourd'hui, ces solutions ne sont plus considérées comme adéquates, le problème des inondations s'étant aggravé d'année en année.

Alors que les erreurs historiques s'additionnent, notre système juridique est structuré de telle sorte que le Ministère possède l'équivalent politique de la carte « sortez de prison » du jeu de Monopoly. En effet, si le gouvernement a le pouvoir de décider du moment et de l'endroit où déplacer les gens, de même que de la pertinence de leur offrir une protection contre l'inondation, là s'arrêtent ses responsabilités. Il n'est pas tenu de faire face aux conséquences de ses décisions ou de résoudre les problèmes qui en résultent. Légalement, le Ministère n'est pas responsable de la gestion des urgences dans les réserves. On donne aux dirigeants autochtones de l'argent, quoique pas suffisamment, et on leur dit de gérer efficacement leur communauté en « établissant des priorités pour leurs dépenses ». Les dirigeants décident de la manière de disposer des fonds, par exemple pour soulager la faim ou pour faire face à une épidémie de suicides d'enfants. C'est un pouvoir décisionnel illusoire qui leur confère la responsabilité légale face à tout problème – incendies, inondation, surpopulation ou moisissure toxique, par exemple. Toutes les responsabilités leur incombent, mais ils n'ont pas suffisamment d'argent pour y faire face.

Le lien avec la crise de l'eau ? Eh bien, en octobre 2005, pour la première fois dans leur histoire, alors que tout le pays avait les yeux tournés vers la communauté, Ottawa s'est engagé à ce que ce soit la fin des inondations puisqu'on déplacerait celle-ci vers des terres plus hautes. Il en a fait la promesse après la présentation du docteur Trusler au premier ministre ontarien Dalton McGuinty, le 25 octobre 2005, à Queen's Park. Nous ne savons pas ce qui s'est dit durant la réunion mais, selon M. Sutherland, l'invitation du docteur Trusler à visiter la communauté résultait d'un effort concerté des dirigeants de Kashechewan, un « noyau » composé de la sous-chef Rebecca Friday, du chef Leo Friday, du coordinateur de la crise John Koosees, du directeur de l'école primaire St. Andrew Lloyd McDonald, et de l'enseignante Carol Laronde. Durant la crise, ils se sont rencontrés presque tous les jours au poste des soins infirmiers, au bureau du conseil de bande ou à l'école primaire « afin de discuter de la manière de convaincre Santé Canada de s'impliquer et d'aider. Et aussi d'obtenir de l'eau potable. Comment aider la communauté. Et si nous devions protester ou pas, bref, de tout cela ».

J'insiste auprès de M. Sutherland pour qu'il me dise si ce groupe avait monté un canular. Il insiste pour dire que non. Plutôt, dit-il, en octobre 2005, la prolifération de la bactérie *E. coli* a provoqué de la diarrhée, des maux de ventre et une éruption cutanée soudaine au sein de la population. En réaction, le groupe a invité le docteur Trusler à la réserve. Ce dernier s'est fait accompagner de la docteure MacMillan et de l'adjoint en recherche David Bowen.

Mes interviews commencent à ressembler au film japonais *Rashomon*. J'ai quatre versions complètement différentes d'un événement qui concordent en très peu de points. On peut facilement éprouver de la frustration mais, assise là, mon magnétophone dans la main et me sentant confuse, je remarque une chose : quel que soit celui ou celle qui raconte l'histoire, qu'il s'agisse de l'ex-directeur des services de santé Edward Sutherland, du coordinateur de la crise de l'eau John Koosees, de l'enseignante Carol Laronde ou d'Alfred Wesley, superviseur de la station de traitement de l'eau de l'époque, tous sourient en racontant leur version des faits. Ils se mettent à parler plus rapidement. Vu de loin, cela ressemble à de l'espoir.

Chapitre 11

Un appel au secours

Nous sommes en état de choc. Quand en aurons-nous assez ?
C'est triste. L'attente n'est plus une solution.
Nous devons faire quelque chose[1].

JONATHAN SOLOMON

À la mi-décembre, je suis à bout. Quand j'essaie de savoir ce qui ne va pas, des images indésirables apparaissent rapidement devant mes yeux : enfants qui trébuchent en sortant de l'école secondaire, drogués et souffrants ; adolescents dont les bras sont couverts de cratères jaunes causés par les brûlures de cigarettes ; Harold me montrant sur son crâne les cicatrices des blessures infligées par son père. Je ne veux plus voir cela.

Il neige. Le vent fouette les flocons blancs en cet après-midi où il fait un froid de canard si bien que, en marchant, on a l'impression de traverser une tempête de sable. Heureusement, je suis à l'intérieur, chez Jared Bruce, un homme de 29 ans. J'ai commencé à interviewer des gens comme lui, non pas parce que je crois que leur histoire a quelque chose à voir avec mes investigations, mais simplement pour m'occuper et éviter de rester seule avec mes pensées. Jared est en chômage mais, comme presque tous ceux que j'ai rencontrés, il est à la recherche d'un emploi. Son colocataire étant sorti, il me fait visiter son bungalow de deux chambres à coucher, me montrant les taches de moisissures noires dans sa chambre et la salle de bain. Compte tenu des inondations, c'est une chose répandue dans la réserve. Je prends quelques photos pour illustrer la chose, mais elles ne sont pas très bonnes, sans compter que l'éclairage est trop faible – une simple ampoule nue suspendue au plafond. Nous terminons l'interview, puis je m'assois sur son canapé. Je me demande au bout de combien de temps une personne vivant dans une maison pleine de moisissures souffrira de troubles pulmonaires.

« Buvez-vous du vin ? me dit-il, interrompant mes pensées.

— Bien sûr.

— Rouge ou blanc ?

— Ça dépend du cépage. »

Il me dévisage.

« Vous savez, un cabernet sauvignon, un merlot », dis-je.

Il secoue la tête. Comment pourrait-il connaître les cépages étant donné qu'il vit sur une réserve où l'on n'est pas censé boire ?

« Rouge alors.

— Mon ami m'a dit qu'il pouvait en avoir. Je me demandais si vous voudriez venir ici en fin de semaine.

— Merci, mais euh, je ne bois pas quand je travaille. »

Il plisse momentanément les yeux.

« Est-ce que vous vous servez de moi ?

— Pardon ?

— M'utilisez-vous pour votre article ? Afin de devenir célèbre ? »

Je le regarde avec étonnement. Je suis journaliste. Pour quelle autre raison serais-je ici si ce n'est pour entendre ce qu'il a à raconter ?

Je marmonne quelque chose du genre que je désire bien faire les choses. Nous restons silencieux quelques instants, puis il me parle de sa nièce qui a mis le feu aux rideaux et incendié la maison de sa tante, mais je ne l'écoute plus. Je suis distraite et confuse. Je ne comprends pas ce qu'il a voulu dire par « vous m'utilisez » ni pourquoi il me parle s'il ne veut pas que j'écrive sur lui. Quelques minutes plus tard, je pars.

Il s'est passé quelque chose que j'ignore entre le moment où j'ai quitté sa maison dans l'après-midi et la nuit suivante. Peut-être a-t-il parlé à quelqu'un qui lui a dit qu'on ne pouvait pas me faire confiance. Peut-être est-il encore aux prises avec l'héritage intergénérationnel des pensionnats. (Ses parents ont fréquenté le pensionnat Bishop Horden, un endroit qui, tout comme St. Anne, était anarchique et violent, et doivent eux-mêmes faire face à leur propre passé d'abus physiques et émotionnels.) Peut-être est-il simplement en colère parce qu'il ne trouve pas d'emploi et doit vivre en zone inondable dans une maison pleine de moisissures.

Bref, ce soir-là, il envoie quelques messages inappropriés sur mon compte Facebook, du genre « des garces comme toi n'ont pas de place dans nos vies ». Je les ignore. Le lendemain, il y en a d'autres. Et ce soir-là, il passe chez moi. Heureusement, je n'étais pas à la maison, mais Emma m'a dit qu'il me cherchait.

J'appelle la police et j'entends un signal sonore. La ligne est occupée. Il y a sept policiers engagés à temps partiel, qui travaillent par roulement dans la réserve et font du travail posté, ce qui signifie qu'il n'y a habituellement qu'une personne en fonction, selon Raymond Sutherland, directeur de police de Kashechewan. Il n'y a également qu'une seule ligne téléphonique, si bien que si un policier fait un appel ou que deux personnes composent le numéro en même temps, la ligne est occupée.

En outre, le nombre de crimes a augmenté. Selon les statistiques du NAP, les délits liés à la drogue se chiffrent à 12 par année pour une population de 1 800 ; il y a 30 cambriolages et 145 agressions, soit un nombre respectivement 2,3, 4,3 et 8 fois plus élevé qu'à Toronto.

Assise à côté du téléphone, je compare ma situation à celle des Cris de Kashechewan. Je pense à tous ces gens qui n'ont pu obtenir d'aide quand ils en avaient besoin. À Harold qui n'a pas pu trouver un endroit sécuritaire pour vivre et a donc failli être tué par son père. À Cornelius Hughie, qui n'a pu trouver un emploi et qui s'inquiétait à savoir s'il pourrait chauffer sa maison et nourrir sa fillette de quatre ans. À Meredith White, qui n'a pu trouver de l'aide pour sa fille quand celle-ci a tenté de se pendre.

Quand je pense à Jared, j'imagine tout ce qui pourrait aller mal. Il incarne à mes yeux mes plus grandes craintes quant à la vie à

Kashechewan, une histoire qui se répète sans cesse, à savoir que, lors d'une crise, quelqu'un appellerait, implorerait les bonnes personnes, mais aucune ne viendrait à son aide.

Je suis anxieuse. J'ai besoin d'air. Je sors et je marche sur le chemin enneigé, dépassant le magasin de vidéos sans pancarte et l'abri en bois où les gens jouent au poker. Le poste de police est à l'extrémité de la ville. C'est un bungalow gris. Dans la cour, une Safari grise de GM n'a presque plus de fenêtres et est couverte de verre cassé.

Je vais jusqu'à la porte et j'essaie d'entrer. C'est fermé à clé. Je fais le tour du bâtiment en criant « Bonsoir ! ». Pas de réponse. Je m'appuie contre le bâtiment et j'attends. Au bout de 10 minutes, je retourne chez moi.

Cette nuit-là, j'essaie de dormir, mais je n'y parviens pas. À 4 heures, j'avale quelques verres de ma vodka de contrebande, je prends 3 somnifères, puis je sombre dans un sommeil agité.

Durant les quelques jours qui suivent, j'évite de parler à Jill ou aux membres de ma famille de ce qui se passe. Ils sont contrariés que je sois restée à la réserve, après que je leur en ai décrit les dangers, dont les incendies criminels, l'absence de service de pompiers et le service de police débordé. Quand je me confie à eux et que j'écoute leurs inquiétudes et leurs peurs, je me sens encore plus mal.

Plutôt que de parler librement, je décroche. Je ne quitte plus la maison, sauf pour aller au Northern. J'annule les interviews. Je bois beaucoup.

Vers la fin de la semaine, la situation semble se calmer. Jared ne m'envoie plus de messages et il cesse de venir chez moi. Mais je n'arrive pas à laisser tomber. Comment ose-t-il croire qu'il peut m'intimider dans le but de sortir avec moi ? Et comment ose-t-il se présenter chez moi ?

La situation culmine après ce qui se passe avec Natalie. C'est un samedi soir nuageux, une semaine après que Jared s'est pointé chez moi. L'éclairage est faible, comme toujours à Kashechewan, vraisemblablement dans le but d'économiser l'électricité. Je me suis aventurée à l'extérieur de la maison afin de recommencer à interviewer les gens. J'aperçois un groupe de 5 adolescentes âgées d'environ 12 à 15 ans qui se tiennent près de la patinoire ; elles fument et rigolent.

Tandis que je m'approche, Natalie, une fille de 13 ans qui ne fume pas et porte une parka trop grande pour elle, se détache du groupe et vient vers moi.

«Alex, dit-elle. Je me sens seule, j'ai besoin d'un câlin.»

Pauvre elle. Moi aussi.

Spontanément, j'avance et je la serre dans mes bras. Elle se met à trembler.

Elle pleure.

Je regarde ses amies. Deux d'entre elles ont couvert leur bouche de leurs mains. Je compte sur une manifestation de sympathie et de tendresse. Mais les plis autour de leurs yeux sont tournés vers le haut.

Elles sourient d'un air narquois. Pourquoi?

Je vois la scène à travers leurs yeux. Cela ressemble à une lesbienne en train d'étreindre une enfant.

Je regarde Natalie.

Elle ne pleure pas, mais rit. C'est un coup monté.

Prise de panique, je relâche mon étreinte. Je suis en colère. Je repense aux messages violents de Jared, aux chiens errants qui me poursuivent, aux enfants qui se lancent des pierres, à ceux qui, en criant près de chez moi, me traitent de lesbienne et à ma visite inutile au poste de police.

Envahie par la rage, je saisis Natalie, épinglant ses bras contre ses flancs. Puis je la pousse.

Elle est étendue dans la neige, les yeux fermés. Je la regarde. *Qu'est-ce que j'ai fait? Oh merde!*

Elle ouvre les yeux et s'anime aussitôt.

«Sale garce! crache-t-elle.

— Salope! crie une de ses amies.

— Désolée», lui dis-je en allant vers elle.

Je pose le genou par terre et je lui tends la main. Elle saisit mon écharpe qui se serre autour de mon cou. J'étouffe. Je tiens l'écharpe à deux mains et tire aussi fort que je le peux. Elle la relâche et je tombe.

Trois enseignants – deux femmes et un homme, tous dans la vingtaine – se tiennent près des autres filles. Je cours vers eux; ils m'entourent pour me protéger.

« Je n'avais pas l'intention de la pousser, ce n'est pas de ma faute. Elle cherchait à m'avoir. »

J'essaie de tout expliquer en même temps. David, un homme de 25 ans, s'adresse à moi.

« Elles faisaient une blague. Ce n'est pas de votre faute. »

Je le regarde. À son air surpris, je n'arrive pas à savoir s'il croit vraiment ce qu'il dit ou s'il cherche simplement à m'aider.

« Est-ce que ça va me nuire ? lui demandé-je.

— Les gens vont parler, répond-il en levant le sourcil.

— Qu'est-ce qui va se passer ?

— Je ne sais pas, mais ils seront en colère.

— Qu'est-ce que je devrais faire ?

— Vous devriez partir. »

Deux jours plus tard, j'achète un billet d'avion et je quitte la réserve.

Chapitre 12
Préjudice moral

Nous sommes frustrés et nous avons peur.
On se fiche désormais de ce qui arrive aux autres
parce que les autres se fichent de nous.
Tout ce que nous savons faire, c'est de causer des problèmes
et d'aller en prison où nous avons trois repas par jour,
un endroit pour dormir et la télé.

Stan Sinclair, un Métis de Moose Lake,
communauté située dans le nord-ouest du Manitoba.
Durant ses 26 ans d'existence, il en a passé 16
à entrer et à sortir de prison[1].

De retour à mon appartement de Toronto, j'essaie simplement de faire comme si rien de tout cela ne s'était passé. Je me dis que je suis à la maison et que tout ira bien désormais. Mais j'ai du mal à accepter ce qui est arrivé. Je n'avais jamais frappé ou poussé un enfant auparavant. Ça ne me ressemble pas. C'est comme si j'avais découvert que, derrière tout ce que je connais et que j'aime de moi-même, il y a un être étrange, cruel et incontrôlable. Je ne veux rien avoir à faire avec ce moi-là. Je désire même oublier qu'il existe.

Habituellement, je réussis assez bien à me duper moi-même. J'ai noté l'événement dans mon journal, mais je ne me relis pas. Et je n'en parle à personne. Hors de la vue, hors de l'esprit. Mes chiens noirs apparaissent la nuit. J'ai du mal à m'endormir et, quand je réussis, je me réveille en criant. Je pleure beaucoup, particulièrement quand je me rappelle ceux que nous avons délaissés plus que tout autre, les enfants. Comme je ne comprends pas ce qui se passe, j'en parle peu et quand je le fais, je minimise l'importance de ce qui s'est produit. Plutôt, je mets cela sur le compte de mes difficultés d'adaptation. On m'a déjà prévenue que je ne serais pas moi-même durant quelques semaines, qu'il me faudrait du temps pour passer d'un endroit où les gens se battent pour leur survie à un autre où la richesse abonde.

Je n'ai pas terminé les interviews. Je n'ai pas non plus le CD de Carol. Il faudra donc que je retourne à Kashechewan, mais je remets ce travail à plus tard. Quand on me demande pourquoi j'ai quitté soudainement la réserve ou pourquoi je repousse le moment d'y retourner, je dis que je suis fatiguée et que j'ai besoin de repos. Ce qui est vrai. La vie sur la réserve a eu un effet néfaste sur ma santé. J'ai pris du poids, mon asthme s'est aggravé, j'ai de l'acné sur le visage et dans le dos, et de la teigne sur la poitrine. Pendant les premiers mois de 2011, je m'évertue à recouvrer la santé : bien manger et faire des exercices ainsi que de longues promenades à pied.

Ma santé s'améliorant, je commence à me questionner sur ce qui s'est passé avec Natalie. Mes souvenirs divergent tellement de mes valeurs et de mes idéaux, sans compter de ma vie quotidienne, que cet incident me semble irréel. Peut-être ai-je exagéré la chose, voire l'ai-je rêvée. Peut-être que si j'arrive à me convaincre moi-même que ça ne s'est pas produit et que je peux l'oublier, en sera-t-il de même pour les autres.

L'esprit a quelque chose d'étonnant, et bien qu'il me soit de plus en plus difficile de continuer à me tromper moi-même, cela me permet de croire que je retournerai à la réserve, tel que je l'ai planifié au départ. Ce ne sont pas que les interviews et mon reportage qui me poussent à le faire. Une partie de moi souhaite désespérément faire amende honorable. J'espère prouver, à moi-même et aux autres, que je ne suis pas la personne agressive, violente et grossière qui a quitté en hâte la réserve. Je fantasme sur l'idée de demander pardon à Natalie, puis d'aider Emma dans son programme de petits-déjeuners à l'école, d'importer des fournitures scolaires pour les enfants et de trouver un avocat pour Harold afin qu'il l'aide à effacer son dossier criminel, qui le poursuit depuis qu'il a vendu de la drogue pour son père, de sorte qu'il puisse réaliser son rêve d'enfance et devenir policier.

Je retourne à Kashechewan en plein milieu de la saison des inondations. À l'aéroport, je prends un taxi. Je passe devant des maisons condamnées. Des bouteilles de vodka cassées jonchent le fossé. Un homme dans la trentaine passe devant une cour glacée couverte de petits bouts de papier hygiénique, qui ressemblent à de minuscules drapeaux blancs chiffonnés. Plus loin, un homme maigre dans la jeune quarantaine qui marche en vacillant fait un pas devant la voiture. Nous faisons une embardée. Il ne semble pas le remarquer tellement il est occupé à éviter de glisser sur la glace. Selon Julie Wesley, les gens boivent plus durant la saison des inondations. C'est leur manière de faire face à l'anxiété résultant du fait de vivre dans une zone inondable sans disposer d'un bon système d'évacuation de l'eau ni de pompes et sachant que les barrières de protection sont délabrées.

Une fois installée, je me rends à la patinoire où j'ai vu Natalie la dernière fois. J'apprends qu'elle est partie à Kapuskasing, une ville située à deux heures au nord-ouest de Timmins, et qu'elle y restera jusqu'à ce que la saison des inondations soit terminée. Comme personne ne me parle de ce qui s'est passé ni ne semble être au courant, j'en déduis que ses amies et elle n'en ont pas soufflé mot. Je suis soulagée, mais cela ne me libère pas de mon sentiment de culpabilité.

J'essaie d'organiser des interviews. Je n'ai guère de succès. Le retour est difficile. D'abord, les gens me disent qu'ils n'ont pas le temps de me parler, qu'ils sont trop occupés à fermer leurs maisons avec des panneaux de contreplaqué et à faire des réserves alimentaires. Certains enferment leurs possessions dans du plastique, les eaux usées risquant d'envahir la ville si la station de traitement est elle-même inondée.

Aussi, je suis distraite. J'ai du mal à oublier ce qui s'est passé en décembre. Chaque fois que je vois la maison de Jared, je suis prise de panique. Quand je passe devant le poste de police, je me souviens de cette nuit alimentée par la peur et je retourne sur mes pas. La patinoire me rappelle Natalie et je me sens coupable. Je suis revenue pleine d'espoir, mais je me rends compte que je ne fais guère autre chose que de me lever tard et de rester à la maison par crainte de sortir. Je vais bien chercher le CD de Carol, mais je n'arrive pas à faire quoi que ce soit d'autre.

La veille de mon départ, je tombe sur le chef Solomon. Il est assis dans un VUS noir près du Temple de la foi. Sa fenêtre est ouverte. Il me salue de la main.

« Vous êtes donc revenue », me dit-il.

— Euh… oui. »

Je le regarde en me demandant s'il a entendu parler de ce qui est arrivé avec Natalie.

« Pour la saison des inondations ?

— Oui. »

— C'est bien, dit-il en souriant. C'est bien que vous voyiez ce que mon peuple doit supporter chaque année. »

Puis, il s'éloigne.

On dit que quand on quitte une réserve appauvrie, il faut une période d'adaptation, laquelle porte divers noms : période de décompression, choc culturel, etc. Bien des Autochtones ont besoin de temps pour retrouver leur équilibre et les ressources pour se recycler. Étant donné le taux élevé de chômage sur les réserves éloignées, peu de gens peuvent présenter un CV adéquat. Pour réussir à survivre en dehors de la réserve, ils doivent faire autre chose que de chasser ou de recevoir des prestations sociales, bref avoir accès à un programme d'emploi ou à une formation à temps plein toutes dépenses payées.

D'autres ont besoin de soutien émotionnel. Plusieurs cumulent deux grandes souffrances, celle que leur a causé l'héritage de violence faite à leur endroit et celle qui résulte du manque de ressources leur permettant d'aborder les manifestations actuelles des torts passés, qu'il s'agisse de la destruction de leur famille, d'abus sexuels, physiques et conjugaux, ou encore de trouble de stress post-traumatique.

Dans une étude examinant l'héritage toxique des pensionnats et portant sur sept réserves du Nord manitobain, plus de 70 p. 100 des femmes et 50 p. 100 des hommes ont rapporté avoir été abusés physiquement ou sexuellement[2]. Dans certaines communautés nordiques, on estime que les femmes sont battues dans une proportion de 75 à 90 p. 100[3].

Nous savons tout cela. Et pourtant, en dépit de tout ce qu'on en a écrit, des études et des rapports gouvernementaux, indépendamment des *mea culpa* et des excuses, la plupart bénéficient de la même aide que celle qu'a reçue Meredith White quand elle a cherché à quitter la réserve, c'est-à-dire aucune.

Les résultats de cette parodie sont présents tout autour de nous : pauvreté racialisée, femmes et filles assassinées et disparues, taux élevé de sans-abri, taux de suicide le plus élevé du monde, brutalité policière et problème croissant de traite des femmes et des enfants autochtones.

Ces réalités non seulement violent nos idéaux, mais ont de quoi nous alarmer et nous pousser à l'action. Nos Premières Nations vivent dans une pauvreté caractéristique du quart-monde. Nous avons le taux de suicide le plus élevé au monde parmi toutes les communautés étudiées, autochtones ou pas. On estime à 75 000 le nombre de personnes qui n'ont pas accès à de l'eau potable. Nous savons que la traite des femmes et des enfants autochtones est un problème, mais nous ne mesurons pas son ampleur ni n'avons mis sur pied un corps de coordination nationale pour la prévenir. Pour cette raison, nous faisons souvent l'objet de critiques de la part de nombreux organismes internationaux, dont Amnistie internationale, Human Rights Watch et les Nations Unies.

Je n'ai pas eu à faire face à ces problèmes. En tant que non-Autochtone, je suis dans une bien meilleure position. De retour à Toronto, je peux reprendre ma vie normale et accéder aux ressources nécessaires pour retrouver la santé à la suite du traumatisme créé par la vie sur une réserve en difficulté. J'ai ma famille, ma petite amie, mes amis, mon appartement et un médecin de famille, la docteure Shirley Epstein, qui se rend d'ailleurs compte rapidement que je ne vais pas bien.

Elle pense d'abord que ce sont mes poumons. Je suis toujours fatiguée, faible et à bout de souffle. Une analyse sanguine permet de diagnostiquer une tuberculose. Selon un rapport publié en 2013 par l'Agence de la santé publique du Canada, le taux d'incidence de cette maladie dans les réserves est en moyenne 34 fois plus élevé que dans le reste du Canada, et plus encore dans les communautés nordiques isolées. Cela est attribuable au manque de soins de santé et au mauvais état des habitations, la moitié d'entre elles étant contaminées par des moisissures. Mon médecin et moi faisons l'hypothèse que j'ai dû être exposée à la maladie lorsque j'interviewais des personnes atteintes.

Là-bas, je n'ai jamais entendu qui que ce soit dire qu'il souffrait de tuberculose. Peut-être parce que les malades ne le savaient pas ou que cela les embarrassait. Rien d'inhabituel à cela. Dans une étude publiée en 2009 par Statistique Canada, on a observé que les gens des Premières Nations n'étaient pas portés à faire état de leurs maladies. C'est leur manière de réagir à la quasi-absence de soins médicaux[4]. Si ceux-ci sont inexistants, on croit qu'il vaut mieux ignorer le problème.

Une semaine plus tard, une radiographie révèle que la tuberculose est latente. Tous, y compris Jill et les membres de ma famille, sont soulagés. La maladie n'est pas contagieuse et peut être traitée aussitôt aux antibiotiques. Ce diagnostic débouche sur un autre problème : la tuberculose latente ne devrait pas présenter de symptômes. Autrement dit, on ne peut lui attribuer les autres symptômes que j'ai commencé à éprouver sur la réserve et qui persistent à Toronto – crises de panique, flashback, sautes d'humeur, anxiété et dépression.

Lors de ces premières rencontres, je ne raconte pas au docteur Epstein tout ce qui m'arrive. Je suis embarrassée par mon incapacité à m'adapter à la vie sur la réserve. J'ai honte de boire autant, même maintenant que je suis de retour, alors que je flirte avec la mort en mélangeant alcool et somnifères. Comme je ne sais pas comment faire face à ces sentiments, j'essaie d'en minimiser l'importance. Comme le veut le cliché, le temps guérit les blessures et je m'imagine que, en menant une vie normale, en mangeant sainement et en faisant de l'exercice régulièrement, mes souvenirs s'amoindriront, de même que mon sentiment de culpabilité. Tout ira bien, quoi !

Les jours d'absence au travail se transforment en semaines, puis en mois. Il devient clair que j'ai besoin d'une aide psychiatrique. Bien que je minimise l'importance de mes symptômes, mes proches – Jill, mes parents et mes amis – s'inquiètent de mon état. En juillet, le docteur Epstein diagnostique un état de stress post-traumatique (ESPT).

Selon la cinquième édition du *Manuel diagnostique et statistique des troubles mentaux*, le DSM-5, l'ESPT est causé par une « exposition à un ou des événements traumatiques » qui entraîne divers symptômes dont « l'intrusion [pensées indésirables], l'évitement, des altérations négatives au niveau de la cognition et de l'humeur, ainsi que [de l'] excitation émotionnelle et de l'hyperréactivité ». L'événement déclencheur est généralement une forme de traumatisme grave, tel qu'un viol, une guerre, une collision de voiture horrible ou le fait d'être victime ou témoin d'abus sexuels. La manière dont l'incident a été géré peut également jouer un rôle. Selon Jonathan Shay, psychiatre auprès des vétérans américains et auteur du livre *Achilles in Vietnam : Combat Trauma and the Undoing of Character*, un manquement à notre code moral est plus susceptible de causer l'ESPT. « Quand ils retournent à la vie civile, les vétérans peuvent généralement se remettre de l'horreur, de la peur et du chagrin à la condition que ce qui est considéré comme "bon et bien" n'ait pas été violé[5]. » Quand les soldats combattent dans des guerres où l'on torture les ennemis ou tue des civils en toute impunité, ils ont du mal à justifier ces gestes et les leurs. Les troubles mentaux sont alors plus susceptibles d'apparaître.

Je n'ai ni tué ni torturé qui que ce soit, mais je me sens coupable de ce que j'ai fait sur la réserve. Au-delà de mon sentiment de culpabilité individuel, je me sens aussi responsable en tant que citoyenne de ce que nous, les non-Autochtones, avons fait subir aux Autochtones en général et aux gens de Kashechewan en particulier. Nous avons commis un génocide culturel et, de cela, nous sommes coupables. Nous avons étouffé nos méfaits. Ce qui est « bon et bien » a été violé à de multiples reprises.

Trente minutes plus tard, je quitte le bureau du docteur Epstein avec une ordonnance d'antidépresseurs, de somnifères et une lettre par laquelle elle m'adresse à un psychiatre. Je décide de me montrer proactive : tandis que j'attends le rendez-vous avec le spécialiste, je suis un cours de huit semaines de méditation de pleine conscience. Cette bouée me permet de retourner au travail. Je n'arrive pas à terminer mon documentaire pour la CBC, car il s'avère impossible de compléter mes interviews depuis Toronto. À Kash, personne ne répond au téléphone. Et je n'ai tout simplement pas le cœur à l'ouvrage. Toute mention d'un traumatisme fait ressurgir des flashback. Je me concentre plutôt sur la lumière, sur des textes ayant rapport au mode de vie ; je deviens consultante pour un site Web américain portant sur la santé et le bien-être. Un mois passe. Un an. Deux ans.

J'avais décidé d'oublier mon séjour à Kashechewan. De le mettre sur le compte d'une expérience éducative, une leçon de vie coûteuse sur l'historique des réserves, la résilience du peuple cri ou mes propres limites émotionnelles. Mais je ne pouvais pas l'oublier. D'abord, parce que Kashechewan faisait toujours les manchettes des journaux. Les crises se multipliaient. Il y a eu la crise du logement à la fin de 2011, puis celle du carburant durant l'hiver 2012 et les inondations problématiques au printemps de 2012, 2013, 2014, 2015 et 2016.

En prenant connaissance de ces événements, je me demandais comment ces crises touchaient ceux que j'ai connus à la réserve. Allaient-ils survivre à un autre hiver ? Combien souffriraient d'une pénurie de nourriture ? Combien se suicideraient ?

On explique généralement ces conditions en disant qu'il s'agit de vestiges malheureux de politiques qui sont aujourd'hui reconnues comme étant des erreurs historiques. Ce mythe national, si souvent répété qu'il est devenu aussi familier qu'une comptine, a cet avantage que tout méfait appartient clairement au passé. Cependant, la preuve qu'il y a eu un changement définitif dans les objectifs manque visiblement. Depuis toujours, ou presque, le but était de préparer les « Indiens » à vivre comme les gens du sud, c'est-à-dire à s'assimiler. C'était l'objectif de nombreuses politiques historiques, dont les pensionnats indiens et la *Loi sur les Indiens*. La manière la plus rapide d'y parvenir consistait peut-être à laisser les conditions dans la réserve se détériorer à un point tel que quiconque en avait les moyens la quitterait et s'installerait dans le sud. Ce point de vue peut sembler dur, mais il a le mérite de jeter de la lumière sur la raison d'être de tous ces rapports – enquêtes juridiques provinciales en Ontario (2007) et au Manitoba (2001), Commission royale sur les peuples autochtones (1996), rapport Penner (1983) et rapport Hawthorn (1967) – qui ont été commandés à grands coûts et qui, une fois terminés, ont été promptement tablettés, avec leurs recommandations.

En même temps que je commence à me remettre, je prends du recul. Je me replonge dans l'écoute des témoignages que j'ai entendus et j'essaie de voir s'ils s'inscrivent dans le contexte plus large de ma recherche. J'avais entrepris celle-ci afin de comprendre pourquoi les conditions de vie à Kashechewan et dans d'autres réserves équivalaient à celles du tiers-monde, voire du quart-monde. Pour relier tous ces éléments et découvrir ce qui s'y est véritablement passé durant la crise de l'eau de 2005, j'ai fait une demande au service d'accès à l'information et de la protection des renseignements personnels. Voici ce que j'ai appris.

Chapitre 13
La crise

N'oubliez pas que nous sommes des personnes.
[Vous] aviez l'habitude de nous considérer
comme des êtres humains.

WILLIAM SUTHERLAND, Aîné de Kashechewan

Le matin du vendredi 14 octobre 2005, alors que le village somnolait, rien ne laissait présager qu'une crise nationale se dessinait à l'horizon. Cette période de l'année est appelée *niskiskou*, mot cri qui signifie « abondance d'oies » car, à ce moment-là, ces oiseaux nichent et se reposent sur la rivière Albany. Nombre de résidents, dont Alfred Wesley, le superviseur de la station de traitement de l'eau, étaient dans le bois à chasser quelques oies pour l'hiver.

À 13 h 35 ce jour-là, Santé Canada a fait parvenir au chef Leo Friday un fax indiquant que l'eau était contaminée à la bactérie *E. coli*. C'était un sujet d'inquiétude mais, hélas, pas entièrement inattendu puisqu'un avis d'ébullition de l'eau était en vigueur depuis deux ans. Parfois, l'eau était aussi claire que celle d'un ruisseau de l'Arctique; d'autres fois, elle avait la couleur de la vase. La station de traitement souffrait des mêmes problèmes qui touchent bien des communautés des Premières Nations. Selon John Gentile, Isaiah Wynne, qui en assurait la permanence officiellement mais ne possédait pas de permis d'opérateur valide, n'aurait pas dû y travailler seul. En guise de précaution, plusieurs se tournaient déjà vers l'eau embouteillée.

Tout cela serait probablement resté sans effet n'eût été de l'ombre de Walkerton. Dans 75 p. 100 des réserves, l'eau représente un risque moyen pour la santé humaine[1]. En moyenne, on émet 4,6 avis d'ébullition chaque jour.

Cependant, l'avis sur la contamination à la bactérie *E. coli*, associée aux souvenirs du drame qui s'était produit cinq ans plus tôt à Walkerton, a déclenché une action immédiate. En 2000, l'eau contaminée de cette ville somnolente du sud de l'Ontario avait tué 7 personnes, tandis que 2 500 autres étaient tombées malades. Cela avait pris l'ampleur d'une crise nationale et on ne voulait pas qu'une telle chose se reproduise.

Le jour où l'on a découvert que l'eau de Kashechewan était contaminée, Santé Canada a appelé Chris LeBlanc, directeur du Northern Waterworks. Il avait la réputation d'être efficace et minutieux. Il a affrété un avion et est arrivé le lendemain matin pour se mettre aussitôt au travail. Il y avait deux problèmes : l'eau manquait de chlore, en conséquence d'un bris de l'injecteur de chlore dans la station de traitement vieille de neuf ans, et, compte tenu de la basse température de l'eau, le sulfate d'aluminium, produit chimique coagulant, n'était pas efficace. LeBlanc a commandé à Fort Albany et à Attawapiskat un autre agent coagulant, le chlorure de polyaluminium, qui est arrivé sur place plus tard dans la journée.

Entre-temps, le conseil de bande a rassemblé aussi ses forces. Le chef Friday a communiqué avec Lloyd McDonald, le directeur de 52 ans de l'école primaire St. Andrew et un défenseur engagé des Premières Nations ; il avait travaillé dans d'autres écoles des réserves nordiques. L'après-midi du 14 octobre 2005, il a fermé l'école primaire ; l'école secondaire a fait de même. Avec le chef Friday, il a formé un comité destiné à gérer la crise, lequel comité était composé de la sous-chef Rebecca Friday, du directeur des services de santé Edward Sutherland, du coordinateur de crise John Koosees et de plusieurs enseignants, dont Carol Laronde. « Il y a eu toutes sortes de discussions, mais la plus importante portait sur la manière d'attirer l'attention de Santé Canada, de sorte que le ministère s'occupe du problème et apporte son aide », m'a expliqué M. Sutherland. On a envoyé un communiqué de presse aux médias. Le premier journal à faire mention de la crise de l'eau a été le *Daily Press* de Timmins dans son édition du 18 octobre 2005. Puis, dans un article datant du 19 octobre, la *Canadian Press* annonçait que les résidents de Kashechewan avaient été longtemps exposés à de l'eau polluée, laquelle causait « des infections cutanées, des troubles gastro-intestinaux, des maux de tête et de la fièvre ». Le même jour, *Yahoo! News* publiait un article dans lequel on pouvait lire que l'eau contaminée causait « de la diarrhée chronique et la gale ».

La confusion et les accusations entourant la crise de l'eau avaient à voir tant avec le moment qu'avec d'autres causes. Depuis le 15 octobre, M. LeBlanc vivait à la station de traitement des eaux. Comme les analyses en vue de détecter la présence de la bactérie *E. coli* demandent normalement 24 heures, le 17 octobre, l'eau n'était plus contaminée, selon Santé Canada. D'après M. LeBlanc, elle était translucide et le taux de chlore était de moins de quatre milligrammes par litre, ce qui constitue la norme établie par le gouvernement de l'Ontario. La station était en meilleur état qu'elle ne l'avait été durant des années. M. LeBlanc a informé le chef et Archie Wesley, le directeur général de Kashechewan, de ces résultats.

Quand j'ai demandé à Elijah Wesley, ex-directeur suppléant de l'école St. Andrew, s'il savait que l'eau était potable, il m'a répondu qu'il avait entendu à la fois cette rumeur par l'une des infirmières et son contraire, chose qui aurait été confirmée par une lettre d'un « fonctionnaire du ministère de l'Environnement ». S'appuyant sur le document officiel, il a choisi de croire le représentant du gouvernement, comme l'ont fait bien des résidents que j'ai interviewés cinq ans plus tard au sujet de la crise.

La couverture médiatique étant de plus en plus importante, le gouvernement a entrepris d'expédier de l'eau par avion aux membres de la communauté. Le 19 octobre 2005, il a envoyé Andy Scott, alors ministre des Affaires indiennes, à la réserve. Pour cette communauté de 1 800 âmes appauvrie et aux prises avec des difficultés, sa venue était un véritable coup de maître. La plupart du temps, les communications entre le Ministère et la communauté se font par interurbain et impliquent des délais. On croit que cela permet à ce dernier de garder ses distances et d'ignorer les crises concernant les droits humains.

Ce n'était pas la première fois que le conseil de bande cherchait à attirer l'attention du Ministère sur les conditions sociales ayant cours dans la réserve et sur ses enjeux économiques. Il lui avait parlé de la surpopulation, des logements en mauvais état, des moisissures et des inondations. Il lui avait demandé de l'aide pour régler les problèmes liés au chômage, à la pauvreté, aux incendies criminels et aux coûts exorbitants de la nourriture. Il avait requis des ressources pour faire face à l'épidémie de suicides et à l'héritage des pensionnats. Chaque fois, le Ministère avait répondu qu'il ne pouvait accorder d'aide officiellement pour des raisons financières. Ottawa n'était pas disposé à aider à une époque où « le déficit était trop grand, m'a expliqué l'ex-chef Leo Friday. Ils ont dit que, si nous voulions plus d'argent, nous devions leur présenter un "plan de redressement financier", c'est-à-dire un plan montrant la capacité de la communauté à être financièrement autonome. Montrer comment nous comptions les rembourser. Mais c'était impossible vu qu'ils rejetaient tous nos projets de création d'emplois ».

La venue de M. Scott à la réserve permettrait à la communauté de s'adresser directement au Ministère pour lui faire connaître l'ampleur de la problématique. Cependant, cela entraînait un autre problème. Un ministre fédéral venait à la réserve afin d'inspecter l'eau contaminée, alors que, en fait, elle était redevenue propre. Quelqu'un dont on ne connaît pas l'identité a alors eu une idée : avant l'arrivée du ministre, des membres de la communauté recueilleraient de l'eau de la rivière dans des verres, des pots et des bouteilles, puis placeraient ces contenants sur la table où devaient s'asseoir les fonctionnaires du Ministère lors de la réunion qui devait se tenir ce soir-là au gymnase de l'école[2]. Lors de la rencontre entre les représentants de Santé Canada et de l'AANC, ainsi que les dirigeants de Kashechewan et la communauté, ces récipients d'eau ont eu beaucoup d'effet ; pour ajouter une touche dramatique, des résidents en colère ont demandé aux représentants du gouvernement de boire cette eau. Aucun ne l'a fait.

Selon la transcription de la rencontre, certains membres de la communauté croyaient vraiment que l'eau était toujours polluée. Une rumeur voulait que la prise d'eau soit située directement en aval de la sortie des eaux usées ; cette rumeur a été rapportée ultérieurement dans les médias. Cette information n'était pas exacte ; il est vrai toutefois, selon les documents fournis par l'AANC, qu'une brèche s'était ouverte dans le talus qui servait à en détourner les eaux usées. Si des matières fécales flottaient dans cette zone, le risque de contamination était bien réel, ce qui constituait une véritable source d'anxiété pour la communauté.

De plus, pour beaucoup, l'enjeu ne se limitait pas à l'eau ; celle-ci était plutôt le symbole des délais qu'ils avaient dû subir des années durant. L'un après l'autre, ils se sont levés pour parler en anglais ou en cri. Ils ont demandé de meilleures écoles ainsi que l'élimination, sous le bâtiment de l'école primaire, de la terre contaminée au diesel qui avait été déversée là deux ans auparavant, mais que le conseil de bande ne pouvait nettoyer faute d'outils adéquats. Ils ont aussi demandé des logements supplémentaires, expliquant qu'ils étaient parfois 18 à vivre dans une même maison et que les enfants devaient dormir à tour de rôle. Ils voulaient également une protection contre les inondations au-delà de la digue abîmée ainsi que de meilleures conditions de vie, leurs maisons étant pourries et moisies, et les enfants tombant malades. « Il y a longtemps, mes grands-pères ont quitté leurs terres de chasse, a dit William Sutherland, un Aîné de Kashechewan. On nous a donné une petite terre qui est en fait un marécage. Mon peuple est fatigué. Mes enfants sont fatigués. Mes petits-enfants sont fatigués. Fatigués d'être chassés de partout. Rappelez-vous que nous sommes des personnes. [Vous] aviez l'habitude de nous considérer comme des êtres humains. »

M. Scott a écouté attentivement. Quand le silence s'est installé, il s'est levé. « Je pense que cette situation a été négligée depuis trop longtemps, a-t-il dit. Il faut la régler. Je souhaite travailler main dans la main avec vos dirigeants pour trouver une manière de le faire. Finies les solutions de fortune[3]. »

Tout le monde a applaudi. M. Scott est reparti le soir même par avion. La communauté s'est mise en mode attente.

Les jours suivants, aucune de ces demandes n'a été mentionnée dans les articles couvrant la crise. Plutôt que de corriger le problème des inondations, des logements insuffisants et insalubres, du sol contaminé, des aliments excessivement chers ou du chômage, l'AANC a promis d'envoyer de l'eau embouteillée : on expédierait 43 200 litres à la communauté d'ici la fin de la semaine.

Pis encore, l'intérêt des médias a commencé à s'effriter. Il y avait eu une alerte à la bactérie *E. coli* dans une communauté éloignée du Nord, entraînant un avis d'ébullition de l'eau. C'était une chose courante. Il y avait 127 autres communautés des Premières Nations qui devaient aussi faire bouillir leur eau[4]. La nouvelle peinait à se faire une place au-delà de la page A7 du *Globe and Mail*. Au cours des jours suivants, la plupart des journaux cesseraient d'en parler.

L'intérêt des médias déclinant, les gens de la communauté ont réfléchi à des moyens de s'en sortir, selon Edward Sutherland. Ils ont décidé d'inviter une personne qui était connue pour aider volontiers les gens des Premières Nations, c'est-à-dire le docteur Murray Trusler, chef du personnel de l'hôpital général Weeneebayko de Moose Factory, en Ontario.

Le 21 octobre 2005, la docteure Lindsay MacMillan savourait quelques bières avec des amis dans son appartement de Moose Factory. Vers 18 heures, elle a reçu un appel téléphonique de son supérieur, le docteur Trusler, qui avait une faveur à lui demander : accepterait-elle de l'accompagner à Kashechewan afin d'évaluer la crise de l'eau qui sévissait là-bas ? Le lendemain, la docteure MacMillan, le docteur Trusler et David Bowen se sont rendus sur place en hélicoptère et ont entrepris de visiter les maisons à la recherche de symptômes d'intoxication à la bactérie *E. coli*.

Selon Lindsay MacMillan, aujourd'hui médecin de famille à Huntsville en Ontario, « les maisons étaient sales et en très mauvais état. Une dizaine d'enfants de moins de huit ans étaient entassés dans une minuscule maison. Quelqu'un avait écrit sur les murs. La toilette semblait tout droit sortie du film *Trainspotting* (*Ferrovipathes*) : elle était bouchée et il y avait de la merde partout. C'était dégoûtant, mais aussi très triste ».

Les médecins ont traité les problèmes immédiats dans la réserve, dont l'asthme, le diabète, les cardiopathies, la teigne, la gale et l'impétigo. Comme les affections cutanées n'avaient pas été soignées, les plaies suppuraient, étaient à vif et couvertes de croûtes. On aurait dit les maladies hideuses qui figuraient sur les illustrations des dictionnaires médicaux du XIXe siècle. Les photos prises lors de leur visite de même que l'information figurant dans les communiqués de presse envoyés par le conseil de bande ont commencé à apparaître dans les journaux le 25 octobre 2005, avec des titres et des légendes tels que: « Une infection mortelle à la bactérie *E. coli* menace les Autochtones, 2 000 personnes dans la réserve devraient être vaccinées[5] » ou « Mary-Joe, âgée de 12 ans, montre les plaies qui sont apparues sur ses mains après qu'elle les eût lavées à l'eau polluée du robinet[6] ».

Durant son séjour, le docteur Trusler s'est rendu à Queen's Park pour faire savoir aux médias que les hépatites A et B avaient peut-être infecté la communauté, qui avait consommé l'eau contaminée, et qu'il était urgent de vacciner les gens. Des années plus tard, des dirigeants de Kashechewan parleraient encore de ce médecin en termes élogieux, disant qu'il leur avait donné « plus de soutien » (selon Edward Sutherland), qu'il « était venu en hélicoptère » (selon John Koosees, qui disait vrai) et qu'il « avait payé lui-même les frais de son voyage » (toujours selon John Koosees, qui se trompait).

Le docteur Trusler s'étant rendu à Queen's Park, la docteure MacMillan et David Bowen se sont chargés de terminer les visites à domicile. Lors de sa dernière journée à Kashechewan, cette dernière a dû affronter deux représentants de Santé Canada, qui étaient allés à la réserve après avoir vu les photographies du docteur Trusler dans les journaux. L'homme et la femme l'ont coincée dans une petite pièce et lui ont dit qu'elle avait causé des problèmes sérieux en ne respectant pas le protocole. « Les représentants de Santé Canada nous ont engueulés. Ils nous ont tapé sur les doigts et nous ont passé un savon en nous disant que nous n'avions pas suivi la "filière appropriée". Mais, à ce moment-là, les photos étaient déjà dans le *Globe and Mail*. »

Aujourd'hui, on comprend mieux, au sein des Premières Nations, comment se servir de l'intérêt du public pour les droits de la personne dans le but d'embarrasser le gouvernement fédéral au point de le pousser à agir. Ainsi, la crise du logement de la Première Nation d'Attawapiskat en 2011 est devenue une plateforme permettant de soulever un problème plus grand, à savoir que la pauvreté écrasante dans la réserve côtoyait les centaines de millions de dollars que valaient les diamants qu'on extrayait à la mine Victor De Beers. En octobre 2013, la Première Nation Pukatawagan, qui se trouve à 900 kilomètres au nord de Winnipeg, s'est servie de la visite au Canada de James Anaya, investigateur de l'ONU en matière de droits des Autochtones, pour jeter la lumière sur le taux de suicide de sa communauté, l'un des plus élevés de la planète, plus élevé, en fait, que dans tout autre pays du monde et surpassé uniquement par d'autres communautés des Premières Nations du Canada.

Cependant, en 2005, la Première Nation de Kashechewan a été parmi les premières à mesurer le potentiel que représentaient les médias. Le 25 octobre de cette année-là, dans une réunion qui scellerait le sort de la communauté, le docteur Trusler s'est assis avec Dalton McGuinty, premier ministre ontarien, et David Ramsay, ministre des Ressources naturelles et des Affaires autochtones de l'Ontario. Il s'était préparé. Avec d'autres de la réserve, il avait élaboré une présentation PowerPoint. Des questions telles que « Devons-nous accepter que de simples coupes budgétaires entraînent ceci quand nous prenons un bain ? » étaient placées stratégiquement à côté de photos montrant de longues plaies ignobles et des bouteilles d'eau brunâtre. Sur d'autres photos, on voyait en gros plan les visages d'enfants marqués de gale, de teigne et d'impétigo, de même que des ongles d'orteil jaunes attaqués par un champignon, et la cuvette d'une toilette bouchée, maculée d'excréments.

Le ministre Ramsay a qualifié le docteur Trusler de héros pour le travail qu'il avait accompli. Plus tard ce jour-là, le premier ministre McGuinty a décidé d'évacuer la réserve et y a déclaré l'état d'urgence.

Les enjeux concernant les Autochtones relèvent tant du fédéral que du provincial ; ce qui se passe dans les réserves est de juridiction fédérale, tandis que ce qui survient à l'extérieur relève du provincial. Leurs mandats étant différents, ils sont réputés manquer de coordination en matière de politique à propos des réserves. Cette fois-là n'a pas été différente. Le ministère fédéral a ignoré l'évacuation en cours et a entrepris d'inonder la réserve d'eau filtrée. On devait envoyer, par des bombardiers *Dash 8* et des avions *Hercules*, 350 000 litres de H_2O ; on produirait 140 000 litres supplémentaires *in situ* par une équipe d'intervention en cas de catastrophe (EICC, ou DART en anglais). En tant que plan d'urgence relatif aux questions de l'eau, c'était excellent. Chaque personne de la réserve recevrait 18 litres d'eau par jour, qui seraient livrés par les militaires, la police de Kashechewan et des bénévoles de l'endroit. On fournirait de l'eau filtrée en tout temps pour la boisson, la cuisine, la vaisselle et les bains.

L'eau a commencé à s'accumuler. Nombreux étaient ceux qui se rendaient compte que la crise avait été exagérée et qui avaient recommencé à boire l'eau du robinet. Comme on ne pouvait empiler les sacs d'eau de l'EICC, au risque qu'ils se rompent, on a donc fini par les disposer en rangs dans tout espace public, y compris dans le sous-sol de l'église, le poste de soins infirmiers, l'école secondaire et le site de la patinoire. Les documents obtenus l'année suivante grâce à une demande d'accès à l'information[7] révéleraient que toute cette opération avait contrarié les militaires. « Bien qu'il s'agisse d'un excellent exercice de relation publique, rien n'a permis de croire qu'on avait véritablement besoin d'un détachement de l'armée. »

Avec l'arrivée des militaires, l'indignation du public quant aux conditions de vie sur la réserve était à son comble. Kashechewan est devenue un sujet de fierté nationale. Grâce à la couverture médiatique à la télévision, à la radio et dans les journaux, des centaines de gens ont écrit au premier ministre et au Ministère pour dire leur honte d'être Canadiens. « Je suis horrifié et dégoûté que le gouvernement ait négligé ces personnes à ce point. Je me demande dans combien d'autres réserves on subit un traitement similaire. Pourquoi nous occupons-nous mieux des gens des autres pays que de ceux du nôtre ? » a écrit une personne dans un courriel envoyé au ministre Scott le 25 octobre 2005. Le même jour, dans un autre courriel, quelqu'un lui présentait une série de questions : « Qu'avez-vous fait jusqu'à présent pour améliorer le droit de nos frères et sœurs à une vie décente, plutôt que de les laisser vivre dans des conditions sordides ? Combien de temps faudra-t-il avant de lancer les travaux de réparation de la station de filtration de Kashechewan ? Pourquoi jouez-vous à la roulette russe avec la santé des gens de Kashechewan ? Ne sont-ils pas aussi importants que leurs voisins du sud du Canada ? » Dans un courriel envoyé au premier ministre le 28 octobre 2005, quelqu'un disait : « J'ai du mal à croire qu'il a fallu en arriver là... J'espère qu'on fera rapidement quelque chose. Pas seulement les déplacer... les installer sur une nouvelle réserve... et améliorer leurs conditions de vie, leur accès à l'emploi et aux soins médicaux. »

Tant le gouvernement fédéral que le provincial ont cherché à esquiver la faute. Dans des éditoriaux courroucés, on critiquait les conditions de vie déplorables sur les réserves canadiennes. Selon le *Globe and Mail*, les gens de Kashechewan, comme ceux de bien des Premières Nations, s'étaient retrouvés au cœur d'un conflit d'attributions, tandis que leurs problèmes s'aggravaient et qu'ils étaient pour l'essentiel ignorés : « Le premier ministre a de la chance d'avoir le gouvernement comme faire-valoir parce que l'histoire de Kashechewan est remplie de décisions extraordinairement idiotes de la part d'Ottawa[8]. »

Pour se défendre, la province a rappelé que Kashechewan ne relevait pas de sa juridiction. Ce n'était pas la faute de l'Ontario, mais plutôt celle d'Ottawa qui avait failli à ses devoirs, a déclaré le premier ministre Dalton McGuinty aux journalistes. David Ramsay, le ministre provincial responsable des Affaires autochtones, a expliqué à Queen's Park que la « communauté n'a jamais fait de demande directe à la province ; [ses dirigeants] ne le souhaitent d'ailleurs pas puisqu'ils savent que le gouvernement fédéral est tenu, en vertu d'un traité, de prendre soin de la communauté, comme c'est le cas pour toutes les autres Premières Nations de la province. Les Premières Nations préservent cela avec le plus grand soin et ne veulent surtout pas que la province s'en mêle[9] ». Mais si les dirigeants de Kashechewan n'avaient pas voulu que la province s'implique, pourquoi se seraient-ils adressés à cette autorité maintes et maintes fois ? s'est demandé Howard Hampton, chef du parti NPD de l'Ontario. Ils s'étaient adressés au gouvernement de cette province six mois, un an, deux ans auparavant en disant chaque fois que la situation était urgente et qu'ils avaient besoin d'aide. Étant bien au fait de la négligence d'Ottawa en la matière, la province avait le devoir moral d'agir. « Le fait est que tous savaient que le gouvernement fédéral ne les aiderait pas», a dit Charlie Angus, député du NPD pour la circonscription fédérale de Timmins–Baie-James. «Je me vois dans l'obligation de demander où était la province de l'Ontario lors de ce post-Walkerton?»

Le 27 octobre 2005, les médias, dont la CBC et le *Globe and Mail*, se sont rendus à Kashechewan pour couvrir la crise; le NPD avait affrété un avion pour l'occasion. Cependant, depuis 11 jours, l'eau n'était plus contaminée et depuis 9 jours, elle satisfaisait aux normes provinciales et fédérales. Dans le combat de relations publiques entre le Ministère et Kashechewan, le public avait clairement pris parti pour la réserve appauvrie.

D'après les nouvelles qui ont été publiées et radiodiffusées les jours suivants, la crise paraissait progresser selon les attentes. Mais dans les coulisses de la couverture médiatique, certains événements semblaient déplacés. Par exemple, dans une vidéo filmée par la CBC, l'équipe de prise de vues se rendait en voiture vers ce qui était censé être un rassemblement. Sur des pancartes de protestation bien alignées et fixées à la clôture grillagée à l'aide d'étiquettes blanches de plastique toutes semblables, on pouvait lire des choses telles que: «Nous ne sommes pas invisibles», «Nous avons besoin d'aide maintenant, pas plus tard», «Nous avons droit aux traitements médicaux», «Nous avons besoin d'eau propre pour nos enfants», «Nous avons besoin d'aide maintenant. Nous ne voulons pas que nos enfants soient contaminés à l'*E. coli*. Évacuation immédiate». Un groupe de gens de la place les examinaient comme s'il s'agissait de tableaux accrochés dans une galerie d'art, se déplaçant de pancarte en pancarte, les pointant du doigt en souriant. Tout près, de nombreuses personnes bavardaient. Certaines fumaient, d'autres faisaient un signe de la main à la caméra, et un enfant d'environ sept ans jouait avec son lance-pierre. Alors que ce devait être une urgence médicale, l'ambiance était plutôt festive, comme s'il s'agissait d'une fête publique.

L'eau de Kash faisait les manchettes depuis plus d'une semaine, toujours de la couleur sombre d'un soda au gingembre. Désireux d'investiguer, le journaliste Sean Mallen et son équipe de Global TV ont visité une maison dont les fenêtres étaient condamnées et sur la véranda de laquelle figurait le graffiti «*Outlawz*» (hors-la-loi).

Dix-neuf personnes vivaient dans une maison de trois chambres à coucher et, dans la cuisine, plusieurs semblaient confuses.

Une femme dans la trentaine a ouvert le robinet tandis que la caméra filmait. L'eau était claire et propre. « Je bois l'eau du robinet », a crié une autre et la caméra a fait un panoramique sur un groupe de femmes se tenant près de l'évier et buvant l'eau claire dans des verres. Sean Mallen semblait stressé. Il s'est tourné vers la femme.

« Certains de vos enfants souffrent-ils d'une très mauvaise éruption cutanée ?

— Juste moi, a-t-elle répondu.

— Où est-ce ? (Pause.) Est-ce possible de me la montrer ? »

Elle a relevé son chemisier et rentré son ventre, qui est couvert de teigne avancée. Elle a ri nerveusement. Conscient de son malaise, Mallen s'est penché vers elle et lui a dit sur le ton de la confidence :

« Je suis vraiment désolé. Qu'est-ce qui se passe quand vous mettez de l'eau dessus ? »

Pas de réponse.

« Ça fait mal ?

— Oui !

— Certains de vos enfants souffrent-ils d'une éruption, quelle qu'elle soit ? »

Ils ont tous deux regardé autour. Silence. Une autre femme a pointé le doigt vers un petit garçon, en laissant entendre qu'il avait des poux. Certains ont souri à la blague.

Comme il devenait de plus en plus évident que les maladies cutanées figurant sur les photos du docteur Trusler n'étaient pas causées par la bactérie *E. coli*, l'histoire a changé : la raison officielle justifiant l'évacuation de la réserve était que M. LeBlanc avait mis trop de chlore dans l'eau, même si ses livres indiquaient le contraire.

À ce moment-là, tous les paliers de gouvernement cherchaient à contenir la crise. Le premier ministre Paul Martin a annoncé que le gouvernement fédéral « ouvrirait grand son carnet de chèques et ferait le nécessaire ». Ottawa consacrerait environ 300 millions de dollars à reconstruire Kashechewan sur un terrain plus élevé qui ne risquerait pas d'être inondé. Les gens de la place auraient accès à des emplois relatifs au déplacement et à la reconstruction du village.

On investirait aussi dans toute la région, au-delà de la réserve. En théorie, les soins de santé dans les réserves sont de juridiction fédérale, mais compte tenu de la mauvaise réputation de ce palier de gouvernement, ces services sont assurés par toute instance prête à prendre le relais : la province, les municipalités et les conseils de bande. Tout comme la question du service des incendies ou des urgences en cas d'inondation, l'absence d'action concertée ou de programme global signifie que les soins de santé sur les réserves semblent naviguer entre les écueils.

La crise de l'eau a forcé Ottawa à passer à l'action. Le 27 octobre 2005, le fédéral annonçait un plan pour créer un organisme voué aux soins de santé des Premières Nations dans la région afin de mieux intégrer cet amalgame de services et de mieux répondre aux besoins de soins de santé uniques de la région.

On se pencherait aussi sur la problématique récurrente du suicide, qui touche de nombreux aspects de la vie quotidienne : élèves qui quittent l'école quand ils perdent un proche ; sentiment de perte des amis et des membres de la famille dont les questions resteront toujours sans réponse ; anxiété quant aux potentiels suicides en groupes qui paralyse la communauté. L'urgence de la tragédie n'est exacerbée que par son caractère familier. Pour s'attaquer au problème, Ottawa a promis de rehausser les services de prévention de la violence familiale et du suicide dans la région, et d'offrir des services de conseil, de soutien psychologique et de sensibilisation aux jeunes de Kashechewan et des autres réserves de la région.

Enfin, la qualité de l'eau sur les réserves constituerait une priorité. Ottawa mettrait sur pied une stratégie nationale de 1,6 milliard de dollars. Selon ce programme, en trois ans, on pourrait accomplir ce qu'avaient raté tous les gouvernements fédéraux depuis 1951, année où Ottawa avait commencé à mettre activement sur pied des programmes sociaux sur les réserves. En 2008, le nombre de systèmes contaminés ou à risque passerait de 75 p. 100 à 16 p. 100 sur l'ensemble des réserves.

La crise de l'eau a été prolongée au-delà de sa réalité, mais elle a apporté plus que ce qu'on aurait pu imaginer.

Chapitre 14

Où iront-ils ensuite ?

Je suis un Indien.
De toute façon, je n'ai pas entendu
beaucoup de promesses auxquelles j'ai cru.

SHERMAN ALEXIE, poète de Spokane/Cœur d'Alène

Alors que la réserve semblait avoir toutes les raisons de se réjouir, plusieurs personnes étaient circonspectes, l'histoire des promesses rompues étant aussi longue que les annales de la réserve. De fait, elle remonte à ses débuts, quand les gens ont été déplacés contre leur gré vers une zone inondable, et elle s'est poursuivie quand leurs enfants ont été kidnappés durant la rafle des années 1960 et qu'on leur a menti à ce sujet. Au-delà de la réserve, cette dynamique est familière à tous les Autochtones, nombreuses étant les ententes ignorées, qu'il s'agisse du Two Row Wampun (ceinture des voies parallèles) de 1613, de la Proclamation royale de 1763 ou des traités numérotés du XIXe siècle. Comme l'a écrit Harold Cardinal, « seuls les fous croient les promesses vertueuses de ceux qui ont toujours refusé d'honorer leurs engagements antérieurs, et seuls les fous continuent à croire à jamais à leurs promesses ultérieures[1] ».

À Kashechewan, on était déterminé à ne pas faire partie de ces fous. Pour éviter toute possibilité d'amnésie historique, l'évacuation a servi d'argument dans les négociations ; dans les conversations téléphoniques avec diverses divisions du gouvernement, on a annoncé qu'on reporterait le retour à une date ultérieure. Garder les gens de la Première Nation à l'hôtel coûtait cher et c'était embarrassant, mais tant qu'ils étaient déplacés, l'histoire tenait debout.

À la fin de novembre, l'*Associated Press* a récupéré l'histoire, tout comme l'*Inter Press Service,* une agence de presse basée à Rome. La situation avait de quoi étonner. Une réserve de 1 800 personnes située dans le Nord de l'Ontario avait fait la une des journaux grâce à une crise de l'eau qui était fausse, du moins en partie. L'intérêt de la communauté internationale avait joué un rôle important. Certains des plus grands gains en matière de droits des Premières Nations ont résulté de l'embarras causé par le regard des étrangers. En voici quelques exemples : les militaires américains postés au Canada durant la Seconde Guerre mondiale qui se sont plaints à leurs représentants des conditions ayant cours dans les réserves canadiennes, ce qui a contribué aux changements apportés en 1951 à la *Loi sur les Indiens* ; la délégation des dirigeants des Premières Nations qui s'est rendue à Londres en 1980 dans le but de renforcer les droits autochtones inscrits dans la loi constitutionnelle, ce qui a conduit à l'ajout de l'article 35 ; le chef Louis Stevenson invitant, en 1987, Glenn Babb, un ambassadeur de l'Afrique du Sud, à la réserve de Peguis afin de souligner les similitudes entre les conditions de vie lamentables que vivaient les Noirs sous l'apartheid et celles des Autochtones dans les réserves.

La tactique dilatoire de Kashechewan a duré suffisamment longtemps – quatre semaines – pour qu'on obtienne des promesses concernant plusieurs problèmes clés qui handicapaient la communauté : logement, protection contre les inondations, infrastructures scolaires, soins de santé, violence familiale et santé mentale. Cependant, à long terme, cette stratégie était intenable. La communauté avait été dispersée, ses membres ayant été évacués vers qui acceptait de les recevoir : hôtels et résidences privées à Attawapiskat, à Cochrane, à Moosonee, à Ottawa, à Peterborough, à Sudbury, à Temagami et à Timmins. Cela a rendu difficile toute forme d'organisation et de communication.

À compter du 28 novembre 2005, le Ministère a circonvenu les dirigeants et a entrepris de retourner par avion les résidents de Kashechewan par groupes d'une trentaine. Ottawa a demandé à chacune des villes d'accueil de déterminer une date finale de départ des évacués ; pour les trois dernières – Cochrane, Sudbury et Timmins –, elle a été fixée au 15 décembre. Si les évacués n'étaient pas repartis à cette date, on les amènerait au centre NAV, un complexe hôtelier et centre de conférences situé à Cornwall. Des instructions militaires données le 14 novembre, et dont on a obtenu copie grâce à la *Loi sur l'accès à l'information*, laissaient présager de la destinée de Kashechewan, les raisons invoquées pour contenir la crise comprenant notamment celle de servir d'exemple pour les autres communautés des Premières Nations en difficulté, qui pourraient elles aussi chercher à embarrasser le gouvernement et le forcer à agir. « Le fait que le conseil de bande de Kashechewan a réussi à attirer l'attention sur la situation critique de la réserve accroît la probabilité que d'autres communautés autochtones adoptent une approche semblable », peut-on y lire.

Le jour où l'AANC a entrepris de retourner les évacués à Kashechewan, l'histoire du Canada a pris une tournure inattendue. Ceux qui étaient informés des révélations faites lors de la commission Gomery savaient que la motion de non-confiance votée le 28 novembre 2005 à l'endroit du gouvernement du premier ministre Paul Martin se préparait depuis plus d'un an. Cela a marqué l'apparition d'une nouvelle ère dans les relations entre les Premières Nations et Ottawa, une ère caractérisée plus par l'unilatéralisme que par l'inclusivité et la recherche de consensus au sein des Premières Nations, questions pour lesquelles M. Martin s'est fait connaître durant la courte période où il a été premier ministre.

Après sa victoire, le premier ministre Stephen Harper a engagé Alan Pope, un avocat de Timmins, progressiste-conservateur et ancien membre du Conseil des ministres de l'Ontario, afin qu'il décide de la destinée de Kashechewan. Le 6 juin 2006, il est devenu le représentant fédéral spécial chargé d'interviewer les gens de Kashechewan et de trouver des solutions aux problèmes des inondations ainsi qu'aux nombreux autres enjeux sociaux auxquels ils sont confrontés. Le 9 novembre 2006, il a présenté son rapport, lequel a reçu une large couverture nationale et internationale. Le document ne tenait pas compte des politiques antérieures ; on y insistait pour que la communauté déménage près de Timmins. Ce déplacement était censé améliorer les « possibilités individuelles et économiques » des gens de la réserve. En se rapprochant d'un centre urbain, ils pourraient échapper à la pauvreté. Ils pourraient retourner visiter leurs terres les jours de congé.

Le gouvernement fédéral a encensé discrètement le rapport. Par contre, pour la communauté, c'était la continuation du discours historique sur l'assimilation. Si la pauvreté constituait la préoccupation principale, pourquoi le Ministère avait-il rejeté ou ignoré toutes les tentatives de la réserve pour y échapper ? Depuis 1986, Kashechewan avait soumis de nombreux projets de création d'emplois, dont la première pêcherie écologique de la région, la création de marais salants, un élevage d'orignaux, un projet d'extraction de l'argile, un couvoir, un élevage porcin, une scierie et une serre. On avait aussi présenté une demande à l'AANC pour la mise en place d'un parc d'éoliennes. Quelques personnes avaient ouvert de petits commerces familiaux mais, étant donné la menace d'un incendie criminel et des inondations qui planait au-dessus d'eux, elles arrivaient difficilement à faire des profits.

Aucun des projets de création d'emplois présentés n'avait été approuvé. Non plus que les infrastructures qui faciliteraient l'existence, telles qu'un service des incendies et des mesures de protection contre les inondations. On leur a proposé plutôt un nouveau déplacement, comme celui qui les avait amenés en premier lieu dans une zone inondable. Lors d'un vote tenu en mars 2007, la majorité a refusé.

Pour comprendre pourquoi les communautés autochtones préfèrent ne pas être déplacées dans une région urbaine, il faut tenir compte de leur histoire. On les a dépouillées de pratiquement tout ce qui les définissait comme peuple : leur langue, leur culture, leur religion et leurs économies traditionnelles. D'une manière ou d'une autre, elles ont survécu. La croyance profonde en leur propre existence, phénomène que le professeur de philosophie Jonathan Lear qualifie d'« espoir radical[2] », peut laisser un étranger perplexe. On dispose de peu d'ouvrages écrits par des universitaires sur ce qui nourrit cette croyance, mais divers auteurs et dirigeants autochtones sont intervenus pour combler cette lacune. Certains, tel que Reuben, croient que c'est le *bimboleytosowin*, ce concept précédemment décrit qui conjugue autonomie, confiance en soi et certitude de pouvoir survivre à n'importe quelle situation.

D'autres croient qu'il s'agit de l'« éthique des soins radicaux », c'est-à-dire que chacun est responsable de ses compagnons. Bien des caractéristiques de la communauté incarnent ce principe. Ainsi, peu importe la surpopulation dans les maisons, personne ne sera sans abri. Peu importe qui décède, dans une réserve, il n'y a pas d'orphelins puisqu'on attend de la communauté qu'elle s'occupe de l'enfant. Peu importe le degré de pauvreté, les dépenses concernant les funérailles et les mariages sont partagées par tous. Une personne ne tombera bas que jusqu'à un certain point, ses sœurs et frères cris s'empressant d'amortir sa chute.

D'autres encore, tel Wab Kinew, personnalité médiatique et auteur, invoquent les cérémonies spirituelles, par exemple la hutte à sudation ou la danse du soleil, qui ont fait un retour depuis deux décennies et qui sont conçues pour renforcer la résilience d'une personne ainsi que son lien avec la terre.

Il est difficile de dire laquelle de ces idées et pratiques, s'il y en a, survivrait en cas de déménagement.

À la suite du rejet du rapport de Pope, le gouvernement a ignoré les promesses qui avaient été faites immédiatement après la crise de l'eau et a adopté plutôt ce que, dans les cercles autochtones, on qualifie de « solution de rechange canadienne à l'action », ou l'étude permanente des résidents de Kashechewan. Une deuxième étude, menée en 2007, a indiqué qu'ils voulaient déménager à bonne distance de la zone inondable, mais rester sur leur territoire traditionnel. Comme ce n'était pas la réponse qu'attendait le gouvernement (trop coûteux), le rapport a été ignoré. La Première Nation a ensuite engagé Emily Faries, une professeure en études amérindiennes à l'Université de Sudbury, afin qu'elle mène une troisième étude, cette fois pour déterminer d'autres emplacements possibles loin de la zone inondable. Une quatrième étude, menée en 2010, la Capital Planning Study, a porté sur les coûts comparatifs des deux solutions : celle consistant à rester et celle du déménagement. En 2014, une cinquième, étude, celle portant sur le terrain Far, a entrepris le même exercice. Au moment d'écrire ces lignes, cette recherche était toujours en cours.

Bien des choses qui se sont passées jusqu'à présent (à l'exception de la crise de l'eau montée en épingle) sont familières à quiconque s'intéresse, même de manière passagère, aux Premières Nations. Les Autochtones de Kashechewan ont perdu l'essentiel de leurs terres ; ils ont été déplacés vers une zone inondable et abandonnés là. Leurs enfants ont été à moitié affamés et violés dans les pensionnats indiens, où on a laissé mourir certains d'entre eux. Ils ont été kidnappés lors de la rafle des années 1960 et on a menti à leurs parents. Toutes leurs tentatives pour améliorer leur situation et triompher de l'héritage toxique de leur passé ont été ignorées.

C'est là le système que nous avons érigé. L'héritage que ce système leur a légué est une piètre qualité de vie. La pauvreté est écrasante et les enfants s'enlèvent la vie. À l'occasion, les dirigeants des Premières Nations se mettent en colère, mais cette dynamique présente la familiarité désagréable d'un cliché, et ce sentiment soit attire la pitié, soit est ignoré.

Parfois, la communauté essaie de susciter la sympathie du public par l'intermédiaire des médias. Si la crise est suffisamment dramatique – c'est-à-dire pire que les autres – pour qu'on veuille publier un article sur elle, la réserve fait la une des journaux nationaux, voire internationaux. Cela a été notamment le cas des enfants de la communauté Innu Mushuau qui, en 1993, respiraient du gaz, du taux élevé de suicides à la réserve Pikangikum du Nord de l'Ontario en 2000, de la crise de l'eau de Kashechewan en 2005, de la crise du logement en 2011 et de l'épidémie de suicides à Attawapiskat au printemps 2016. Avec de la chance, la vague de sympathie du public contribuera à assurer à la réserve du financement gouvernemental et les services dont elle a grandement besoin.

Mais qu'arrive-t-il quand la situation de la réserve n'est pas pire que celle des autres ? Supposons que son taux de suicide soit élevé, que l'eau supposément potable ait la couleur des eaux usées, que les maisons où les enfants dorment à tour de rôle soient pleines de moisissures, que les enfants souffrent de malnutrition et de troubles de santé extrêmes, mais qu'aucun de ces problèmes n'a causé un nombre de décès suffisant pour attirer l'attention des médias...

C'était la situation de Kashechewan en 2005.

Aux dires de tous, elle était plus grave que lors de mon séjour cinq ans plus tard alors que des conditions semblables, quoique légèrement améliorées – pauvreté endémique, taux de suicide record, personnes accablées et traumatisées –, m'ont affectée au point que je souffre d'un trouble de stress post-traumatique.

Du fait de la normalisation de la crise, seules les réserves où les problèmes sont d'une gravité telle qu'ils sont emblématiques d'un échec plus important obtiennent l'aide nécessaire. Pour calmer notre sentiment de culpabilité, nous choisissons les cas les plus extrêmes et créons l'illusion que la situation s'améliore. Le reste des réserves est paralysé. Les communautés des Premières Nations semblent être les maîtres de leur destinée, mais cette chimère d'autonomie masque le fait que, en réalité, le Ministère les dirige selon son bon vouloir.

Nous avons tellement l'habitude de cette situation et de la dépendance qui l'accompagne que lorsqu'on propose une solution de rechange, celle-ci est qualifiée de « sans précédent » et d'« expérimentation ». Tout ce qui ne relève pas de la dynamique pupille-de-la-nation est vu comme une menace à l'État.

« Bien des Autochtones croient profondément dans le modèle [de souveraineté], tout comme les non-Autochtones qui les soutiennent et, de plus en plus, les cours de justice », écrivait le chroniqueur Jeffrey Simpson dans le *Globe and Mail* du 30 juillet 2014. « Le modèle n'a été tenté ou réalisé nulle part ailleurs[3]. »

Cette opinion largement répandue est inexacte. La souveraineté des Autochtones est une réalité dans bien des pays développés où il y a des populations de cette nature. En Nouvelle-Zélande, la souveraineté indigène existe depuis près de 180 ans, soit depuis le traité de Waitangi de 1840, le document fondateur du pays. Il accorde aux Maoris des droits importants sur les ressources forestières, sur les pêcheries et sur leurs terres. Aujourd'hui, grâce au *Sealord Deal* adopté en 1992, ils possèdent près de 37 p. 100 des pêcheries du pays, de même que 36 p. 100 des forêts et 5,5 p. 100 des terres la Nouvelle-Zélande.

Aux États-Unis, la souveraineté des Autochtones fait partie de l'histoire du pays pratiquement depuis ses débuts. En 1832, John James Marshall, juge en chef des États-Unis, a rendu un jugement historique dans la cause Worcester c. Georgia, en décrétant que les tribus autochtones étaient des « nations domestiques dépendantes ». Dans ses opinions sur les Cherokees du début des années 1830, il a déclaré qu'elles étaient des « nations comme toutes les autres » et que cela impliquait une relation de gouvernement à gouvernement.

Pour s'assurer que les peuples amérindiens puissent fonctionner comme des nations, on les a autorisés à user de divers moyens permettant de générer des revenus. Ils peuvent lever des taxes auprès de leurs citoyens, former des entreprises qui ne paient pas de taxes de vente, produire et vendre des cigarettes, mettre sur pied des casinos et d'autres jeux sur leur territoire, vendre les droits de tous les gisements de pétrole et de gaz se trouvant sur leurs terres ou traiter ces ressources eux-mêmes. Ils peuvent inviter des investisseurs et établir les conditions de toute construction ou de tout développement subséquent sur leur territoire. Ils jouissent d'un droit illimité de pêche et de chasse sur leur réserve et du droit de mettre sur pied des pêcheries commerciales sur certains sites privilégiés situés à l'extérieur des réserves, dans la limite des efforts de conservation. Ainsi, le Potawatomi Bingo Casino de Milwaukee est le plus grand employeur du comté et le plus grand casino autochtone au monde. Chaque année, il reçoit 4 millions de visiteurs et touche des revenus de 463 millions de dollars canadiens (360 millions américains).

Grâce à ces revenus, les peuples autochtones ont acquis une certaine souveraineté sur de nombreux aspects de la vie dans les réserves américaines. Ils ont leurs propres cours de justice, leur corps policier, leurs services d'aide à l'enfance et décident du développement économique dans leurs réserves.

On ne mesure que difficilement les différences qui existent entre nos deux systèmes en matière de bien-être des personnes. Mais toutes les données dont nous disposons, y compris les nombreuses études publiées par le Harvard Project on American Indian Economic Development, indiquent que la souveraineté des Autochtones permet d'améliorer leur qualité de vie. Nos réserves sont plus pauvres que celles de nos voisins du Sud. Les revenus de nos populations autochtones sont en moyenne moins de la moitié – soit 42 p. 100 – de ceux du reste de la population. Bien que le système américain ne soit pas exempt de problèmes, il donne de meilleurs résultats pour d'autres indicateurs également, dont le chômage, le revenu et le taux de suicide.

On ne réussira pas à changer la dynamique du pouvoir du jour au lendemain. Cela ne peut non plus se limiter à une seule politique ou à une seule loi. Il a fallu plus d'une centaine d'années pour en arriver à cette situation ; il faudra donc du temps pour la renverser. Au moment d'écrire ces lignes, on avait pris diverses mesures dans ce sens, y compris l'annonce de la mise sur pied d'une commission nationale d'enquête sur les femmes et les filles autochtones disparues ou assassinées*, et promis de mettre en œuvre les 94 recommandations de la Commission de vérité et réconciliation.

Cependant, si nous devons nous pencher sur notre héritage historique et le reconnaître et, ainsi, donner une chance à tous, il faudra tout de même une injection considérable de fonds dans le système d'éducation et un transfert significatif des droits de propriété et des responsabilités aux Autochtones. À défaut de quoi, une autre génération de jeunes grandira dans les mêmes conditions difficiles – fins de mois où la nourriture manque, maisons pleines de moisissures et eau contaminée, panique prolongée résultant des inondations annuelles, enfants simulant le suicide afin de passer quelques jours dans un endroit sécuritaire ou voyant la mort comme la solution la plus simple.

Je ne pourrais pas vivre dans ces conditions. Personne ne devrait avoir à le faire.

* NDÉ. L'enquête nationale a commencé ses audiences à Whitehorse, au Yukon, en mai 2017.

Comment participer

La réconciliation avec les Autochtones reste
le problème de justice sociale le plus urgent
que le Canada ait à confronter.

Cette citation du journaliste ojibwé Wab Kinew renvoie à de nombreux aspects de la vie dans les réserves, qu'il s'agisse des pensionnats indiens, de la rafle des années 1960, du sous-financement chronique des écoles et des services de santé, de l'approche directive du gouvernement en matière de financement et de dynamique de pouvoir. La réconciliation exige que les politiciens et les dirigeants autochtones forment ensemble de nouvelles politiques et adoptent de nouvelles lois, mais également qu'on change la dynamique de nos vies au quotidien. Si vous désirez apporter votre aide, voici quelques manières de le faire :

Aider les jeunes de Kashechewan à retrouver leurs traditions. Dans le passé, diverses politiques gouvernementales avaient pour but de faire disparaître les cultures, religions et langues autochtones, dont la mise sur pied des pensionnats, les lois anti-*potlatch* et la *Loi sur les Indiens*. En conséquence, de nombreux enfants de Kashechewan ne connaissent pas les sept enseignements sacrés, la voie autochtone ou « voie rouge » (Red Road) et le *bimboleytosowin*. Certains de ceux que j'ai interviewés n'ont jamais quitté la réserve, sauf pour recevoir des traitements médicaux. Le programme Paddling with the Cree (Pagayer avec les Cris) a été lancé à l'été 2016 dans le but de changer cette situation. Chaque été, un groupe fera un long voyage en canot ponctué d'activités culturelles et d'enseignements spirituels. Lors du premier voyage, 18 jeunes et 6 adultes ont pagayé durant 10 jours de Hearst à Kashechewan, soit sur une distance d'environ 400 kilomètres. Pour en savoir plus et contribuer au maintien du programme, on peut consulter le site Honoring Indigenous People du Club Rotary du sud de l'Ontario au rotaryhip.com (en anglais seulement).

Contribuer à améliorer la santé des Autochtones. Les soins de santé des Premières Nations sont chroniquement sous-financés, comparativement à ce qui se passe dans le reste du Canada. Conjuguée aux conditions sociales, cette situation engendre une incidence plus élevée de diverses maladies. Par exemple, le taux d'infection au VIH est 10 fois plus élevé dans les réserves que dans le reste du pays. En moyenne, le taux de tuberculose y est 34 fois plus élevé. La Société de soutien à l'enfance et à la famille des Premières Nations du Canada, un organisme de bienfaisance basé à Ottawa, a mis sur pied le programme Rassemblés autour d'un rêve, un projet de longue durée destiné à encourager la collaboration et à mettre en œuvre des solutions permettant d'améliorer la santé des enfants autochtones du Canada. Plus d'info sur fncaringsociety.com/fr.

Plaider pour une meilleure sécurité alimentaire. Dans les réserves du Canada, le taux d'insécurité alimentaire est plus élevé que celui des autres pays développés possédant des populations autochtones, notamment les États-Unis et le Groenland. À Kashechewan et dans bien d'autres réserves du Nord, pour de nombreuses familles, les vivres manquent à la fin de chaque mois. L'Assemblée des Premières Nations (afn.ca/fr) appuie la recherche sur l'insécurité alimentaire et défend les droits des Premières Nations.

Abolir la *Loi sur les Indiens*. Cette loi touche tous les aspects de la vie dans les réserves. À cause d'elle, les Premières Nations ne peuvent être propriétaires de leurs terres ou créer de la richesse. De plus, elle limite grandement la création d'emplois et les investissements économiques. Vous pourriez contribuer à assurer la réforme politique en écrivant à votre député fédéral.

Contribuer à l'éducation des jeunes. À Kash de même que dans bien d'autres réserves appauvries, 70 p. 100 des élèves ne finissent pas leur secondaire. Selon l'Enquête nationale auprès des provinces de 2011, en moyenne 58 p. 100 des adolescents des Premières Nations laissent l'école avant d'obtenir leur diplôme. Ce problème touche tous les aspects de la vie communautaire, dont la dynamique du pouvoir entre les gens de la place et les étrangers, l'absence de création de richesse de même que les négociations et l'impact de l'Entente sur les répercussions et les avantages entre les compagnies minières et les Premières Nations. Indspire est un organisme caritatif dirigé par des Autochtones dont le but est de combler ce fossé en offrant des bourses d'études aux étudiants ainsi que des programmes de mentorat, et des programmes aux écoles des réserves. Pour en savoir plus, visiter le site http://indspire (en anglais seulement). En outre, l'Initiative d'éducation autochtone Martin offre des programmes permettant d'améliorer la lecture et l'écriture des étudiants autochtones du Canada. Pour plus d'info, consulter maei-ieam.ca/fr.

Réduire l'incidence du suicide chez les jeunes. Le taux de suicide dans les réserves des Premières Nations est de cinq à sept fois plus élevé que la moyenne nationale. Selon une étude publiée en 2015 dans le *Canadian Medical Association Journal*, celui des réserves de l'Ontario nordique est plus élevé que partout ailleurs dans le monde, et il ne cesse de grimper. Canadian Roots Exchange, un organisme de Toronto, met sur pied des programmes de leadership auprès des jeunes autochtones et d'échanges entre jeunes autochtones et non-autochtones afin d'encourager la compréhension et le respect mutuels (canadianroots.ca). Basé à Ottawa, l'organisme Fondation autochtone de l'espoir se donne pour but d'éveiller la conscience des gens sur l'héritage des pensionnats indiens et de favoriser la guérison des familles ainsi que de leurs survivants. On peut consulter le site fondationautochtonedelespoir.ca pour en savoir plus.

Soutenir les artistes autochtones. De nombreux écrivains, artistes visuels, musiciens, réalisateurs, danseurs, tambours et historiens issus des Premières Nations comptent sur notre intérêt et notre soutien. Leurs récits sont essentiels à la compréhension du discours qu'on entretient au pays. Quelques éditeurs anglophones des Premières Nations: Theytus (Penticton, C.-B.), Kegedonce Press (Première Nation Cape Croker, Wiarton, ON), Gabriel Dumont Institute Publishing (Saskatoon, SK), Ningwakwe Learning Press (Première Nation Saugeen, Southampton, ON), Pemmican Publications Inc. (Winnipeg, MB) et Saskatchewan Indian Cultural Centre (Saskatoon, SK)*. La galerie Bay of Spirits vend et expose des œuvres d'art autochtones. Plus d'info sur bayofspirits.com.

* NDÉ. Du côté francophone, la société Recherches amérindiennes au Québec, créée en 1973, consacre entièrement ses activités à la diffusion de connaissances sur les populations autochtones du Québec et des Amériques en publiant une revue et des monographies, regroupées en différentes collections. Elle organise des colloques et différents événements reliés aux enjeux autochtones et, depuis 2003, elle produit des documents audiovisuels.

Chronologie de la crise de l'eau contaminée à la bactérie *E. coli* de 2005

12 octobre :
- Santé Canada analyse l'eau de la réserve Kashechewan.

14 octobre :
- Santé Canada trouve la bactérie *E. coli* dans l'eau.
- Le conseil de bande est prévenu que l'eau est contaminée à la bactérie *E. coli*.
- Les écoles primaire et secondaire de la réserve ferment en après-midi.

15 octobre :
- L'ingénieur des eaux Chris LeBlanc est envoyé par Santé Canada à Kashechewan. Il répare l'injecteur de chlore, ce qui lui demande quatre heures, puis ajoute à l'eau la quantité adéquate de chlore. De plus, on fait parvenir de Fort Albany et d'Attawapiskat du chlorure de polyaluminium, un coagulant qui permet aux filtres d'éliminer les particules de matière qui colorent l'eau.

17 octobre :
- Selon les analyses de Santé Canada, l'eau est exempte de la bactérie *E. coli* et d'autres bactéries nocives.
- Selon M. LeBlanc, l'eau est translucide et propre.

18 octobre: • La nouvelle concernant la contamination à la bactérie *E. coli* paraît dans le *Timmins Daily Press.*

19 octobre: • Le ministre de l'AANC, Andy Scott, se rend à Kashechewan en compagnie de fonctionnaires du gouvernement. On leur offre à boire de l'eau brunâtre tirée de la rivière.

• Le gouvernement fédéral annonce qu'il enverra de l'eau embouteillée à la réserve.

• Première mention de l'événement dans les médias nationaux.

20 octobre: • Le chef Leo Friday insiste pour que la réserve soit évacuée jusqu'à l'installation d'un nouveau système de filtration.

• Première mention de l'eau contaminée à la bactérie *E. coli* dans le *Globe and Mail.*

22 octobre: • Les docteurs Murray Trusler et Lindsay MacMillan ainsi que l'ingénieur David Bowen se rendent à la réserve. Ils visitent les maisons et, en trois jours, les médecins voient et traitent 72 personnes pour des troubles cutanés et d'autres problèmes de santé. Ils font parvenir aux médias des photos des patients et des conditions de surpeuplement qu'ils ont observées dans les maisons. Le docteur Trusler part deux jours plus tard.

• Le conseil de bande émet des communiqués de presse dans lesquels il demande une évacuation immédiate.

24 octobre: • Les premières bouteilles d'eau arrivent dans la réserve.

25 octobre: • Dalton McGuinty, premier ministre de l'Ontario, et David Ramsay, ministre des Affaires indiennes de

cette province, rencontrent les dirigeants de la réserve ainsi que le docteur Trusler à Queen's Park.

- Le gouvernement ontarien annonce qu'il y aura évacuation de 60 p. 100 de la population de Kashechewan. La province déclare l'état d'urgence dans la réserve.

26 octobre :

- Une équipe de l'Ontario Emergency Management arrive à Kashechewan et commence l'évacuation de 1 100 personnes.
- Le premier ministre du Canada Paul Martin est critiqué pour la « négligence systématique » et la « tragédie » que vit la réserve.
- Un journaliste du *Toronto Star* se rend à Kashechewan et publie le premier récit des gens de la réserve.

27 octobre :

- Le gouvernement fédéral reconnaît avec les dirigeants de Kashechewan et ceux d'autres Premières Nations qu'il est nécessaire de déplacer la communauté sur des terres plus élevées.
- Un reporter du *National Post* se rend à Kashechewan et publie le premier article portant sur l'emplacement de la réserve.

29 octobre :

- Le *Globe and Mail* déclare que Kashechewan est une « tragédie nationale ».

30 octobre :

- L'Équipe d'intervention en cas de catastrophe (EICC) ainsi que des rangers canadiens se rendent à Kashechewan avec de l'équipement portatif de purification de l'eau et produisent de l'eau potable.

Notes

Introduction

1. En 1868, le chef de Kanesatake, Joseph Onasakenrat, demande à Ottawa de rendre aux Mohawks les terres autour d'Oka (selon une entente historique), mais sa demande est ignorée. Ses successeurs poursuivent le combat de génération en génération. Au siècle suivant, la mésentente atteindra un point de non-retour lors de la crise d'Oka de 1990. En 1919, Frederick Ogilvie Loft, un Mohawk de la réserve des Six Nations, fonde le premier organisme panautochtone, la Ligue des Indiens du Canada, dans le but d'améliorer les conditions de vie dans les réserves. La réaction du gouvernement sera d'ignorer toutes ses communications et de le déclarer radical et dangereux. Loft publie alors des articles dans le *Globe* et le *Saturday Night*, et passe des années à se déplacer d'un endroit à un autre dans le but d'éveiller les consciences. Il tombera finalement malade et mourra, peut-être en raison d'une surcharge de travail. Bernard Ominayak, chef des Cris de Lubicon Lake à compter de la fin des années 1980, n'a jamais cessé de se battre pour l'inclusion de son peuple dans le traité n° 8. Ses demandes seront pour la plupart écartées par les gouvernements provincial et fédéral, du moins jusqu'au 19 octobre 1988, quand le barrage que la réserve a dressé sur une route attirera l'attention nationale et internationale, y compris celle de l'ONU. Le gouvernement acceptera alors de signer une entente.
2. En date du 31 décembre 2014, 91 communautés des Premières Nations du Canada étaient sous le coup d'un avis d'ébullition de l'eau.

3. Rédaction, « Uprooted Aboriginals in Ontario Await Aid », *Associated Press*, 13 novembre 2005.
4. Rédaction, « Finanzspritze für Indianerreservation », *Die Presse*, 24 août 2007.
5. Real Property Consulting Group, « First Nations Police Services: Building Condition Report & Needs Analysis for N.A.P.S. Detachments in Northern Ontario », rapport préparé pour le Solliciteur général du Canada, 20 août 2001.
6. Pamela Matthews, « Detachment Lacked Infrastructure: Luloff », *Wawatay News*, 30 avril 2009.

Chapitre 1. Départ pour le Nord

1. « Le Ministère » est le nom aux consonances orwelliennes qui est donné au ministère des Affaires autochtones et du Nord Canada (AANC) dans la *Loi sur les Indiens*, laquelle régit la vie dans les réserves. Précédemment, il a porté divers autres noms, dont Division indienne, Département indien, Bureau du superintendant des affaires indiennes, Département des affaires indiennes, Département du développement indien et du nord, Affaires indiennes et du Nord Canada, avant qu'on adopte son nom actuel. Pour éviter toute confusion, j'ai employé dans ce livre les termes « le Ministère », « le Département » ou « l'AANC ».
2. Comme bien des lois qui régissent les réserves, celle-ci a été adoptée à la fin du XIXe siècle. On estimait que la ségrégation était une bonne chose pour les Autochtones dans la mesure où l'on croyait qu'ils étaient trop « simples d'esprit » pour supporter le contact prolongé avec les Blancs. Dans le but de les « civiliser » de manière opportune, seules les personnes respectant la volonté assimilationniste du gouvernement étaient autorisées dans les réserves, soit les prêtres, les religieuses, les directeurs et gérants de la Compagnie de la Baie d'Hudson et les agents des Indiens. C'est ce système de contrôle social qui, paradoxalement, a permis que les abus perpétrés dans les pensionnats indiens ne soient pas réprimés. On a accru davantage l'isolement en criminalisant la libre circulation des gens entre les réserves et en interdisant aux étrangers de s'y rendre; ces deux règlements ont été amendés en 1985. Selon Sir Francis Bond

Head, lieutenant-gouverneur du Haut-Canada, dont les écrits et la pensée ont influencé l'essentiel de la *Loi sur les Indiens* actuelle, « le meilleur service que nous puissions rendre à ces personnes simples d'esprit consiste à les éloigner le plus possible de toute communication avec les Blancs, et de les conforter dans ce sens ».

3. À la demande du médecin, ce nom a été changé. Bien des gens interviewés craignaient d'offenser le conseil de bande ou le Ministère et qu'en conséquence le financement futur en soit affecté. Pour plus de détails, voir le chapitre 5.

Chapitre 2. Le quart-monde

1. Voir J. Bonta, « Native Inmates : Institutional Response, Risk and Needs », *Canadian Journal of Criminology*, vol. 31, n° 1 (1989), p. 49-62 ; F. Gale, *Aboriginal Youth and the Criminal Justice System : The Injustice of Justice ?*, Cambridge, Cambridge University Press, 1990 ; P. A. Monture-Angus, « Lessons in Decolonization : Aboriginal Over-representation in Canadian Criminal Justice System », dans *Visions of the Heart : Canadian Aboriginal Issues*, Toronto, Harcourt Canada, 2000, p. 361-386.
2. Autres exemples : Neil Stonechild, mort d'hypothermie en 1990, en périphérie de Saskatoon, peu de temps après sa détention provisoire. Connue sous le nom de *starlight tour* (promenade sous les étoiles), cette pratique consistant à emmener une personne des Premières Nations en périphérie de la ville en plein milieu de l'hiver et de l'y abandonner aurait été appliquée en 2000 à l'encontre de Darrel Night, de Rodney Naistus et de Lawrence Wegner. En 2003, Russell Sabo, alors chef de police de Saskatoon, a admis qu'il était possible que cela se soit produit durant des années après avoir révélé que, en 1976, un policier a été puni pour avoir conduit une femme autochtone aux limites de la ville et l'y avoir abandonnée.
3. Ni Statistique Canada ni le Ministère ne possèdent de données sur le salaire moyen des habitants de Kashechewan ou sur les prestations moyennes qu'ils reçoivent du gouvernement. On a obtenu ce chiffre en calculant la moyenne des salaires de ceux qui occupent un emploi (23 000 $) et du montant mensuel des prestations sociales ; ce dernier a été estimé grâce aux réponses données par la

population au chômage de Kashechewan et après avoir calculé la moyenne du montant accordé par le programme Ontario au travail (383 $ par mois), de la prestation nationale pour enfants et de la prestation ontarienne pour les enfants.

4. Tous les chiffres viennent du Fonds monétaire international concernant la parité de pouvoir d'achat (PPA), 2014.
5. Comité d'experts sur l'état des connaissances à propos de la sécurité alimentaire dans le Nord du Canada, « La sécurité alimentaire des populations autochtones dans le Nord du Canada : Évaluation de l'état des connaissances », Conseil des académies canadiennes, 2014.
6. G. M. Egeland, « International Polar Year Inuit Health Survey : Health in Transition and Resiliency », Centre for Indigenous Peoples' Nutrition and Environment, Université McGill, mai 2010.

Chapitre 3. Rencontre avec le chef

1. Selon John Gentile.
2. Nous ignorons le nombre de personnes qui ont été bannies de leur communauté. Pour ces décisions, l'agent des Indiens jouait plusieurs rôles – procureur, avocat de la défense, juge et juré – et il n'était pas tenu de les consigner. Il pouvait bannir des gens qui avaient violé l'un des nombreux règlements de la *Loi sur les Indiens* ou pour « activité séditieuse », c'est-à-dire pour avoir omis d'obéir à ses ordres. Il existe de nombreux rapports anecdotiques à ce sujet ; voir le livre de Katherine Pettipas, *Severing the Ties that Bind : Government Repression of Indigenous Religious Ceremonies on the Prairies*, Winnipeg, University of Manitoba Press, 1994. Les chercheurs universitaires estiment qu'on a arrêté des centaines de personnes.
3. En 1967, on a ordonné à deux élèves âgés de 16 ans, Joel Wesley et son ami Abraham Nakogee, de faire des tours supplémentaires sur la piste de l'école à la fin du cours d'éducation physique et après le départ des autres élèves. Au bout de quelques tours, Abraham Nakogee s'est plaint à son enseignant, le frère Lauzon, de douleurs à la poitrine. Celui-ci lui a dit de cesser de se plaindre et de continuer à courir parce qu'il était gros. Le jeune s'est plaint de nouveau. L'enseignant l'a ignoré. Au bout de quelques autres tours, il s'est

étendu sur la piste, puis, quelques minutes plus tard, il a fait une crise cardiaque et est décédé. Joel Wesley a été témoin de toute la scène. On lui a ordonné de garder le silence à défaut de quoi il serait sévèrement puni, ce qui, dans un endroit où les raclées graves et la chaise électrique étaient choses courantes, constituait un avertissement sérieux. Pour en savoir plus, voir Edmund Metatawabin et Alexandra Shimo, *Up Ghost River: A Chief's Journey through the Turbulent Waters of Native History*, Toronto, Knopf, 2014.

4. Laurie Gough, « All the Lost Boys and Girls », *National Post*, 19 novembre 2005.
5. Au bout de six ans à communiquer avec les plaignants potentiels des réserves de la province, ce recours collectif de Brown c. le procureur général du Canada, qui représente 16 000 enfants, devrait être entendu par la Cour supérieure de l'Ontario à compter de septembre 2016*.
6. Le langage employé dans la *Loi sur les Indiens* est obtus et pour le moins déroutant. Les spécialistes du droit offrent différentes interprétations sur la légalité, les pratiques admises et les procédures. Comme il peut être utile d'étudier le matériel d'origine, voici les articles en question :

   « LOI SUR LES INDIENS, ARTICLE 35

   Terres prises pour cause d'utilité publique

   Les autorités locales peuvent prendre des terres

   35 (1) Lorsque, par une loi fédérale ou provinciale, Sa Majesté du chef d'une province, une autorité municipale ou locale, ou une personne morale, a le pouvoir de prendre ou d'utiliser des terres ou tout droit sur celles-ci sans le consentement du propriétaire, ce pouvoir peut, avec le consentement du gouverneur en conseil et aux conditions qu'il peut prescrire, être exercé relativement aux terres dans une réserve ou à tout droit sur celles-ci.

* NDÉ. Le jugement a été rendu le 14 février 2017 en faveur des plaignants. Voir http://blg.com/en/News-And-Publications/Publication_4854. L'étape suivante consiste à évaluer l'ampleur des préjudices subis.

Procédures

(2) À moins que le gouverneur en conseil n'en ordonne autrement, toutes les questions concernant la prise ou l'utilisation obligatoire de terres dans une réserve, aux termes du paragraphe (1), doivent être régies par la loi qui confère les pouvoirs.

Octroi au lieu d'une prise obligatoire

(3) Lorsque le gouverneur en conseil a consenti à l'exercice des pouvoirs mentionnés au paragraphe (1) par une province, une autorité municipale ou locale ou une personne morale, il peut, au lieu que la province, l'autorité ou la personne morale prenne ou utilise les terres sans le consentement du propriétaire, permettre un transfert ou octroi de ces terres à la province, autorité ou personne morale, sous réserve des conditions qu'il fixe.

[...]

LOI SUR LES INDIENS, ARTICLE 53

Administration des réserves et des terres cédées ou désignées

Opérations concernant les terres cédées ou désignées

(1) Le ministre ou son délégué peut, conformément à la présente loi et aux conditions de la cession à titre absolu ou de la désignation:

a) administrer ou vendre les terres cédées à titre absolu;

b) effectuer toute opération à l'égard des terres désignées et notamment les administrer et les donner à bail.

[...]»

7. Chinta Puxley, «Children Die as Manitoba Reserves Struggle with Inadequate Firefighting», *Canadian Press*, 30 octobre 2014.
8. Information provenant de Statistique Canada, 2010, revenu médian de la population selon l'identité autochtone, de 25 à 54 ans.
9. «L'interprétation du Département a eu comme conséquence que les Autochtones qui voulaient louer des terres n'étaient pas traités comme des adultes. On mettait en doute leur jugement ou on les protégeait comme s'il s'agissait d'enfants», racontait Philippe Dufresne, directeur du contentieux pour la Commission canadienne des droits de la personne. Cité dans Lorge Barrera, «Tribunal: Strahl, Department Treated FNs Entrepreneurs like "Children"», consulté le 16 février 2011, www.aptn.ca.

10. Comme précédemment, cette loi incarne les valeurs de la période où elle a été adoptée au XIXe siècle, alors qu'on préférait croire que la richesse était néfaste pour les peuples des Premières Nations, du fait qu'elle risquait de les corrompre moralement et de corrompre la simplicité de leur mode de vie.

Chapitre 4. Une piste au dépotoir

1. Les articles anticommerce de la *Loi sur les Indiens* ont été abolis en décembre 2014, bien que les autres articles qui limitent la croissance et les profits en fassent toujours partie.
2. Rédaction, « Indian Act Inhibits Business Mohawks Tell Royal Commission », *Windspeaker*, vol. 11, n° 5 (1993).
3. « La tentative de conjuguer statut de pupille et établissement de ces gens dans les parties civilisées du pays ne fait que mener à embarrasser le gouvernement, les attentes de la Couronne, à un gaspillage des ressources de la province et à un préjudice aux Indiens eux-mêmes. Ceux-ci perdent toutes les bonnes qualités de leur nature sauvage et n'acquièrent rien d'autre que les préjugés de la civilisation. Ils ne deviennent pas de bons colons, ni de bons agriculteurs ou mécaniciens. Ils deviennent des ivrognes et des débauchés. » Cette affirmation de Lord Sydenham date du 22 juillet 1841, tel que cité dans les débats de la Chambre des communes.
4. Shawn McCarthy, « Resource Revenues Could Lift some First Nations out of Poverty Report Urges », *Globe and Mail*, 3 mars 2015.
5. Rédacteur en chef, « Ontario's Far North Act: Aboriginal Poverty or Prosperity ? », *Canadian Mining Journal*, 31 octobre 2011.
6. Tiré de l'Entente sur les répercussions et les avantages (ERA) signée le 17 septembre 2007 avec la Première Nation des Moose Cree. Les ERA pour Kashechewan et Fort Albany ont été conçues selon cette entente signée par les Moose Cree. « Les membres de la bande auront priorité pour l'emploi et les activités liées au projet sur les terres de la Première Nation. [La Première Nation] a établi un inventaire des ressources humaines et recommande à tous ceux qui souhaitent avoir un emploi de s'enregistrer. DBC [DeBeers Canada] s'engage à offrir aux membres [de la Première Nation] qui en ont la compétence et les qualifications requises des emplois qualifiés

dans les domaines administratif, professionnel, scientifique et de gestion. »

7. *Loi sur les Indiens*, voir l'article 53 (cité à la note 6 du chapitre 3) et l'extrait de l'article 57 qui suit.

   « LOI SUR LES INDIENS, ARTICLE 57

   Le gouverneur en conseil peut adopter des règlements :

   c) pourvoyant à l'aliénation de mines et minéraux cédés dans le sous-sol d'une réserve. »

8. Éric Dewailly et Evert Nieboer, « Exposure and Preliminary Health Assessments of the Oujé-Bougomou Cree Population to Mine Tailing Residues », Montréal, Institut national de santé publique du Québec, 2005.

9. Will Nicholls et Lyle Stewart, « Poisoned : Quebec Studies Confirm Fears that Waters near O-J Are Heavily Contaminated by Mine Tailings », *Nation*, 19 août 2005.

10. Le gouvernement des Nisga'a Lisims peut établir des lois portant sur leurs terres, leurs biens, leur citoyenneté, leur langue et leur culture. Ils ont reçu 196,1 millions de dollars (valeur de 1999), plus de 2 000 kilomètres carrés de terres, une allocation annuelle de saumon, le droit de pêcher d'autres espèces de poisson et de chasser l'orignal et d'autres gibiers, ainsi qu'un financement pour assurer les soins de santé, l'éducation et les services sociaux à leur population et à d'autres dans la région.

11. Les sept enseignements sacrés constituent un guide de vie éthique qui comprend à la fois des conseils pratiques et un ensemble de principes. Pour être une bonne personne, il faut, selon ces enseignements, respecter la création dans son ensemble. Avant le savoir, vient la compréhension ; la moralité commence par l'observation de son entourage. On apprend comment les espèces du règne animal interagissent, s'alimentent, jouent et vivent en harmonie avec leur milieu. En outre, chaque animal incarne une vertu, une manière d'être qui peut nous instruire sur divers aspects de la vie quotidienne. Ainsi, l'humilité constitue la qualité morale du loup : il se déplace la tête baissée et ne vit que pour la meute. D'autres animaux incarnent les leçons sacrées : l'ours (courage), l'aigle (l'amour), le castor (la sagesse), le corbeau (l'honnêteté), le buffle (le respect), la tortue (la vérité). De nom-

breuses Premières Nations partagent les sept enseignements sacrés, avec des différences au niveau des animaux en fonction des régions.

Chapitre 5. Aide sociale

1. Ces chiffres sont caractéristiques de l'époque. Tous les traités (n°s 1 à 11) ont été conçus sur le modèle du traité Robinson de 1850, dans lequel on a introduit la notion de renoncement aux terres traditionnelles en échange d'argent. Les traités numérotés indiquaient également qu'on accorderait à chacune des Premières Nations une petite parcelle de terre (les réserves) et le droit de chasser et de pêcher sur toutes les terres inhabitées l'entourant.
2. Tiré du journal de Samuel Stewart, employé des Affaires indiennes, en date du 11 juillet 1905.
3. Parmi les livres qui traitent du processus d'élaboration des traités, citons de Thomas Berger, *Northern Frontier, Northern Homeland: The Report of the Mackenzie Valley Pipeline Inquiry,* Ottawa, ministère des Approvisionnements et Services, 1977 ; de Heather Robertson, *Reservations Are for Indians,* Toronto, J. Lorimer, 1991 ; de John Long, *Treaty No. 9 Making the Agreement to Share the Land in Far Northern Ontario in 1905,* Montréal, McGill-Queen's University Press, 2010. Tous explorent les ambiguïtés délibérées et les fausses promesses qui ont permis la signature des traités numérotés et la dépossession concomitante des Autochtones. Il s'agissait de promesses énigmatiques, par exemple celle de « faire quelque chose pour vous » ou celle de la Reine qui souhaiterait « vous prendre par la main ».
4. Voir CP, débats à la Ch. des C., 3 sess., 3 Parl., 1876, p. 752 : *Lois concernant les Sauvages,* 21 mars, 1876. [Voir https://www.aadnc-aandc.gc.ca/fra/1100100010252/1100100010254]
5. *Journals of the Legislative Assembly of Upper Canada, 1844-1845.* App. E.E.E. [Voir https://books.google.ca/books?id=uEEUAAAAYAAJ&pg=PA369-IA2&lpg=PA369-IA2&dq=app.+EEE&source=bl&ots=NR9KdHwujh&sig=3V04WWLdxUCbbwLM8PT5F46RnWQ&hl=fr&sa=X&ved=0ahUKEwjxlfmXleDTAhVDYyYKHcwDC04Q6AEIaDAJ#v=onepage&q=app.%20EEE&f=false]

6. En 1875, 1 500 Dakotas émigrent au Canada après avoir fui la guerre de 1862 entre les Dakotas et les colons du Minnesota. Ils s'établissent à huit kilomètres au nord de Griswold, ville du Manitoba et, au cours de l'été 1877, ils entreprennent de cultiver la terre, investissant dans l'équipement agricole le plus récent et des semences. Ils obtiennent des récoltes abondantes de blé, de navets, de pommes de terre et de carottes. Leurs profits augmentant, ils élargissent leurs activités pour inclure la vente de poneys, de poisson, de peaux, d'ouvrages en perles, de paniers, de nattes de jonc et de fruits sauvages. Leurs problèmes commencent quand ils décident d'engager des travailleurs blancs de la région. À la suite de plaintes pour concurrence déloyale, les agents des Indiens anéantiront leur rentabilité en leur interdisant l'achat d'équipement de ferme et en se chargeant de leur marketing et de la vente de leurs produits. Les Dakotas se plaignent alors ; en réponse, le Ministère choisit son homme, le chef Tunkan Cekiyana, pour diriger la Première Nation, lequel homme semble être particulièrement prêt à se plier aux volontés du dit Ministère. Outrés, plusieurs se réunissent autour du chef spirituel Wanduta afin de se faire entendre. En janvier 1903, le Ministère se rend à Oak River, l'arrête et l'amène à Griswold où il subit un procès. Il sera condamné à quatre mois de travaux forcés à la prison de Brandon.
7. Publié dans l'*University Magazine* en 1913. Cité dans *Severing the Ties that Bind: Government Repression of Indigenous Religious Ceremonies on the Prairies* de Katherine Pettipas, Winnipeg, University of Manitoba Press, 1994.

Chapitre 6. Rumeurs

1. Pour bien comprendre ce sujet complexe, il faudrait un livre entier, lequel livre, je l'espère, sera un jour écrit par un linguiste cri. Par exemple, les liens de parenté s'expriment au moyen de suffixes grammaticaux qui donnent leur sens aux noms cris infléchis. Ainsi, un nom commun simple tel que « mère » possède un préfixe possessif qui décrit les liens de parenté ; « ma mère » (*nikâwiy*) diffère légèrement de « ta mère » (*kikâwiy*). De plus, les mots héritent de diverses associations et d'un certain pouvoir émotionnel suivant

l'intensité de la relation. Selon Reuben, la langue crie nous enseigne que nous sommes des animaux sociaux et que, comme les mots tirent leur sens des liens au sein de la communauté, « parler cri nous rappelle que nous ne sommes jamais seuls ».

2. L'homophobie, quand elle existe, est plus vraisemblablement le produit des pensionnats indiens. La tradition crie veut que le Créateur ait utilisé un moule différent pour fabriquer certaines personnes. On les appelait les *kamatawatehsit*, ou « personnes particulières », c'est-à-dire les homosexuels, les gay (berdaches, bardaches, bispirituels ou êtres aux deux esprits). Ils n'étaient pas ostracisés, mais acceptés, et ils participaient comme tous les autres à la vie de la communauté.
3. Taylor Clark, « The 8 ½ Laws of Rumor Spread », *Psychology Today*, 1er novembre 2008.
4. De 1942 à 1952, des médecins payés par le gouvernement, tels que Percy Moore et Frederick Tisdall, superintendant médical général des services médicaux du ministère des Affaires indiennes et expert de premier plan en nutrition, ont mené, sans leur demander l'autorisation, diverses études sur des enfants et des adultes des communautés autochtones du Nord de l'Ontario ; entre autres choses, on les privait de certains aliments afin d'étudier les effets à long terme de la malnutrition.

Chapitre 7. Enseigner aux enfants

1. Statistique tirée du rapport annuel de 2010-2011 du service de police Nishnawbe-Aski (NAP).
2. Kashechewan n'est pas un cas isolé ; de nombreux rapports ont été produits à ce sujet. Pratiquement chaque année, il y a un incendie. En 2010, la Société canadienne d'hypothèque et de logement a publié une étude indiquant que les compagnies d'assurance refusaient d'assurer les propriétés des Autochtones étant donné le risque élevé d'incendie dans les réserves, qui n'étaient pas dotées de service des incendies. Cette même année, les résultats d'une étude fédérale indiquaient que le taux de décès dus aux incendies était 10 fois plus élevé dans les réserves que dans le reste du Canada. À l'automne 2013, le rapport du vérificateur général du Canada affir-

mait qu'Ottawa n'en faisait pas suffisamment pour répondre aux urgences telles que les inondations et les incendies. En 2015, la juge Tracey Lord, qui faisait une enquête sur un incendie survenu dans une réserve du Nord du Manitoba dans lequel trois enfants et un grand-père étaient morts, a répété la même chose et a recommandé l'installation du service 911 pour toutes les réserves. Présentement, ces services sont absents pour des raisons financières. C'était la conclusion de Michael Ferguson, vérificateur général du Canada, dans son rapport de 2013. « Le ministère sait que le budget annuel du programme, qui se chiffre à environ 19 millions de dollars, est insuffisant. » Autre problème : l'absence de surveillance. Il n'existe pas de normes nationales de prévention des incendies dans les réserves. Il n'y a pas de politiques fédérales ou provinciales sur le nombre de pompiers, de tuyaux ou de voitures d'incendie requis pour assurer la sécurité des gens dans une réserve donnée. S'il y avait des critères nationaux, on disposerait d'un point de référence avec lequel mesurer la réussite ou l'échec. Selon une note de service transmise à Ottawa en mai 2010, Brock Holowachuk, coordinateur des mesures d'urgence pour le bureau régional manitobain des Affaires autochtones et du Nord Canada, lorsque les critères ne seraient pas satisfaits, nous disposerions d'un instrument de mesure pour évaluer le problème et lui accorder notre attention. « Nous pourrions être confrontés aux conséquences si les normes ne sont pas respectées », écrivait-il.

3. La « voie autochtone » ou « voie rouge » (Red Road) incarne les enseignements, les pratiques, les concepts et les rituels qui montrent aux hommes et aux femmes autochtones comment être des membres de la société dignes de mérite et mener une bonne vie. Elle réfère à la fois à des principes, tels que ceux des sept enseignements sacrés et du *bimboleytosowin*, et à des pratiques et rituels qui permettent de les assimiler, par exemple la quête de vision, la hutte à sudation et le pow-wow.

4. Dans les livres d'histoire moderne, si et quand il est question des Premières Nations, l'information est généralement présentée en annexe, souvent à l'aide d'explications à moitié développées quant au fait qu'elle est exclue du texte principal. Ainsi, *A Short History of Canada*, un livre de 395 pages écrit par Desmond Morton, ne comporte qu'un chapitre de 5 petites pages sur les Premières Nations.

« Quelle que soit leur forme de vie, écrit-il, les Nord-Américains d'origine amérindienne se voyaient comme parties intégrantes de la nature et non comme ses maîtres. Bien qu'ils aient combattu les autres bandes et nations, ils n'avaient guère le sens de la propriété territoriale. » Autrement dit, les Premières Nations aimaient se battre, mais pour aucune raison en particulier et certainement pas pour des terres. Ils n'avaient pas besoin de terres puisqu'ils n'avaient pas le sens de la propriété. Explication plutôt pratique d'un point de vue politique, mais qui est contredite par de nombreux documents historiques, dont le traité du wampun à deux rangs (ou chemin des voies parallèles) et la Proclamation royale de 1793. D'autres récits ont ainsi été expurgés. Voici, selon *The Penguin History of Canada* (*Une histoire du Canada*, PUL) de Robert Bothwell, ce qui est arrivé aux Béothuks, un groupe d'Autochtones qui vivaient sur la côte est de Terre-Neuve : « En dépit des efforts déployés par le gouvernement pour établir des liens amicaux avec eux, et de sa volonté à préserver la race, le dernier membre connu de la tribu est décédé en 1829. » Contrairement au compte rendu de Morton, il n'y a pas d'erreurs évidentes dans cette version de l'histoire. Mais ce qui y est omis change passablement cette dernière. Comme l'écrit Bothwell, les premiers échanges entre les Anglais, les Français et les Béothuks ont été pacifiques. Cependant, au cours de l'été 1613, des missionnaires interprétèrent les festivités de bienvenue que les Autochtones avaient organisées à leur endroit comme une agression et tirèrent sur eux. Au cours du siècle suivant, les hostilités s'accrurent, essentiellement parce que les Béothuks, outrés qu'on ait rompu les promesses commerciales et que les nouveaux arrivants leur enlèvent leurs terres, se mirent à voler les colons. Comme les agressions augmentaient, les Français mirent les têtes des Béothuks à prix. Toutes les parties – Anglais, Français et Micmacs – se mirent à les tuer afin de toucher la prime. Nous disposons de comptes rendus selon lesquels des hommes indiquaient le nombre qu'ils tuaient en incisant chaque fois la crosse de leur fusil. Le trappeur terre-neuvien Rodgers se vanta d'en avoir tué 60 en 1817. Le trappeur Noel Boss tua 99 hommes, femmes et enfants. En 1800, les colons, qui se qualifiaient eux-mêmes de « tueurs d'Indiens », avaient tellement bien réussi qu'il ne restait plus qu'une poignée de Béothuks. Certains avaient été scalpés, d'autres étaient morts de maladie, d'autres encore avaient été réduits en esclavage. Désireux de « préserver la race », les Britanniques mirent un frein à la chasse aux Indiens. À Londres, on croyait que la seule manière de la préserver consistait à en capturer un, à le nourrir et à lui expliquer de la manière la plus délicate possible que, contre toute apparence, les hostilités avaient cessé. La prime pour un Béothuck vivant était de 50 livres. La mise à prix de leur tête ne fit que précipiter leur élimination. Selon ce qui fut rapporté, le dernier fut tué en 1829. Voir *My Country*, Toronto, Penguin, 1976, de Pierre Berton, p. 165 ; *The Penguin History of Canada*, de Robert Bothwell, p. 96 ; « The People who Were Murdered for Fun », de Harold Horwood, magazine *Macleans*, 10 octobre 1959 ; *A Short History of Canada* de Desmond Morton, Toronto, McClelland & Stewart, 2001, p. 14.

5. On a comparé *La loi sur les Indiens* à la législation existant sous le régime de l'apartheid de l'Afrique du Sud. Bien que différente dans sa portée, elle contenait des articles visant les mêmes résultats. Dans les deux pays, on a instauré un ministère spécial s'occupant des affaires indigènes (au Canada, le ministère des Affaires indiennes ; en Afrique du Sud, le Coloured Affairs Department) et adopté des lois ou règlements qui décourageaient les mariages interraciaux (au Canada, la *Loi sur les Indiens* ; en Afrique du Sud, la *Prohibition of Mixed Marriages Act*), qui limitaient la propriété terrienne (au Canada, la *Loi sur les Indiens* ; en Afrique du Sud, la *Native Trust and Land Act*), qui constituaient des systèmes d'éducation séparés (au Canada, la *Loi sur les Indiens* ; en Afrique du Sud, la *Bantu Education Act*), qui bannissaient ou restreignaient fortement le droit de vote (au Canada, la *Loi électorale du Canada* et les lois électorales provinciales ; en Afrique du Sud, la *Representation of Natives Act*) et qui légitimaient les déplacements forcés des Noirs et des Autochtones (au Canada, la *Loi sur les Indiens* ; en Afrique du Sud, la *Native Administration Act*). Au début et au milieu du XXe siècle, des représentants officiels de l'Afrique du Sud visitèrent à quelques reprises le Canada dans le but de connaître le fonctionnement du système des réserves, la dernière visite en date étant celle de l'ambassadeur de ce pays en 1962, dans les réserves de l'Ouest, qui voulait savoir comment elles étaient maintenues et gérées.

Chapitre 8. Deux poids, deux mesures

1. Geoffrey York, *The Dispossessed: Life and Death in Native Canada*, Toronto, Little Brown, 1992, p. 86.
2. M. Optis, K. Shaw, P. Stephenson et P. Wild, « Mold Growth in On-reserve Homes in Canada: The Need for Research, Education, Policy, and Funding », *Journal of Environmental Health*, 2012.
3. Agence de la santé publique du Canada, *Le diabète au Canada: Perspective de santé publique sur les faits et chiffres*, 15 décembre 2011.
4. Agence de la santé publique du Canada et Institut canadien d'information sur la santé, *L'obésité au Canada*, Rapport mixte, 20 juin 2011.
5. Rédaction, « Early Infant Mortality in Canada Called 2nd Worst in Developed World », *Canadian Press*, 8 mai 2013.
6. Julien Gignac, « Northern Ontario First Nations Declare Public-health Emergency », *Globe and Mail*, 24 février 2016.
7. Selon des rapports de Santé Canada.

Chapitre 9. Comparaisons

1. Statistique tirée du rapport annuel de 2010-2011 du service de police Nishnawbe-Aski (NAP).
2. Harold Cardinal, *The Unjust Society*, Vancouver, Douglas & McIntyre, 1999, p. 53. (Traduit sous le titre *La tragédie des Indiens du Canada*, Montréal, Le Jour éditeur, 1970.)
3. *Ibid.*, p. 12.
4. Ronet Bachman, *Death and Violence on the Reservation: Homicide, Family Violence, and Suicide in American Indian Populations*, Westport (CT), Greenwood Publishing, 1992.
5. Louise Elliott, « Ontario Native Suicide Rate One of the Highest in the World, Expert Says », *Canadian Press*, 27 novembre 2000.
6. *Ibid.*
7. Information de Statistique Canada, 2010, revenu médian selon l'identité autochtone, population âgée de 25 à 54 ans.

8. Sari Horwitz, «The Hard Lives – and High Suicide Rate – of Native American Children on Reservations», *The Washington Post*, 9 mars 2014.
9. United States Census Bureau, 2010 American Community Survey for the American Indian and Alaska Native alone population (enquête du bureau de recensement américain sur les Amérindiens et les Autochtones de l'Alaska).
10. Anne Kazak et coll., «A Social Rank Explanation of How Money Influences Health», *Journal of Health Psychology*, vol. 34, nº 3 (mars 2015), p. 222 à 230.
11. PAC, RG 10, vol. 3212, fiche 527, 787-4 agent indien J.P. Wright à D.C. Scott, 20 décembre 1919. The Industrial Workers of the World (IWW) et One Big Union (OBU) étaient des mouvements socialistes d'importance à l'époque.
12. PAC, RG 10, vol. 3212, fiche 527, 787-4, agent des Indiens McDonald à W. M. Graham, 13 janvier 1921.

Chapitre 10. Quand les eaux envahissent tout

1. Citation tirée de Hugh Shewell, *«Enough to Keep Them Alive»: Indian Welfare in Canada 1873-1965*, Toronto, University of Toronto Press, 2004, p. 228.
2. Éric Dewailly et Evert Nieboer, «Exposure and Preliminary Health Assessments of the Oujé-Bougomou Cree Population to Mine Tailing Residues», Montréal, Institut national de santé publique du Québec, 2005.
3. Voir le chapitre 11, «Relocation of Aboriginal Communities», dans RCAP, *volume 1, Looking Forward Looking Back*. Voir aussi *Traumatisme historique et guérison autochtone*, de Cynthia Wesley-Esquimaux et Magdalena Smolewski de la Fondation autochtone de guérison, 2003.
4. Quand on leur demande à quel point le déplacement forcé est stressant pour eux, comparativement à d'autres événements, les Autochtones disent qu'il est plus dommageable que toute autre situation. Voir *American Indian and Alaska Native Mental Health Research*, vol. 2, nº 1, p. 3-19 : en 1988, les chercheurs Michael J. O'Sullivan et

Paul Handal ont demandé aux Autochtones de la communauté Yavapai, située près de Phoenix, en Arizona, ce qu'ils pensaient de la possibilité d'être déplacés au cas où l'on construirait un barrage à Fort McDowell. (Le barrage a d'abord été proposé en 1968 et, depuis, il est dans les cartons.) La menace d'être dépossédés était plus grave à leurs yeux que n'importe quelle autre tragédie concevable. Plus perturbante que la mort d'un membre de la famille ou d'un ami proche, qu'une blessure ou une maladie graves, que des changements majeurs dans l'état de santé d'un membre de la famille, que le départ des enfants de la réserve, que le divorce ou la séparation conjugale, que les problèmes juridiques ou l'emprisonnement. Voici les pourcentages moyens des diverses causes de stress tels que confiés par les membres de la communauté de Fort McDowell :

Décès d'un ami proche	64
Décès d'un membre de la famille	63
Blessure ou maladie graves	45
Changement majeur dans l'état de santé d'un membre de la famille	56
Enfants ayant quitté la réserve	36
Divorce ou séparation conjugale	36
Troubles juridiques ou emprisonnement	46
Stress résultant du déplacement :	
sur la tribu et sa culture	79
sur la survie de la tribu	79
sur chaque personne en particulier	79

Désireux de savoir comment le stress résultant d'un déplacement affectait la santé physique des gens, les chercheurs ont comparé ces réponses à celles d'une communauté autochtone de culture semblable dont le nom a été tu pour des raisons de confidentialité. Comparativement, on a dénombré plus de visites chez le médecin dans la communauté des Yavapais, bien que les chercheurs n'aient pas indiqué quels genres de problèmes physiques le stress causait et si les troubles médicaux étaient, tout comme à Kash, associés à l'anxiété et à la panique. Voir également l'étude centrale de M. Y. H.

Brave Heart et L. M. DeBruyn, « The American Indian Holocaust : Healing Historical Unresolved Grief », *American Indian and Alaska Native Mental Health Research*, vol. 8, nº 2 (1998), p. 60-82.

Chapitre 11. Un appel au secours

1. Citation tirée de Colin Perkel, « First Nations in "State of Shock" as They Declare Public-health Emergency », *Canadian Press*, 24 février 2016.

Chapitre 12. Préjudice moral

1. Geoffrey York, *The Dispossessed : Life and Death in Native Canada*, p. 143.
2. Elizabeth Thomlinson, Nellie Erickson et M. Cook, « Could This Be your Community ? », dans Jocelyn Proulx et Sharon Perrault (sous la direction de), *No Place for Violence : Canadian Aboriginal Alternative*, Halifax (N.-É.), Fernwood Publishing, 2000.
3. Michael Bopp, Judie Bopp et Phil Lane, « La violence familiale chez les Autochtones au Canada », Fondation autochtone de guérison, 2003.
4. L. Lix et coll., « Facteurs de risque et problèmes de santé chroniques chez les Autochtones et les non-Autochtones », Statistique Canada, 2009.
5. Jonathan Shay, *Achilles in Vietnam : Combat Trauma and the Undoing of Character*, New York, Simon & Schuster, 1994, p. 20.

Chapitre 13. La crise

1. Tiré d'une étude menée en 2011 par le gouvernement fédéral. Sur les 633 réserves du Canada, 571 ont participé.
2. On m'a raconté diverses versions de cette histoire. Certains m'ont dit que la rencontre avait eu lieu le 21 octobre, d'autres qu'on avait apporté l'eau de la rivière dans des cruches ou encore qu'un homme de la place avait offert un seul verre à Gilles Saint-Pierre, le représentant de la division Santé des Premières Nations et des Inuits de Santé Canada de Timmins. Le fait qu'on a donné de l'eau de la

rivière à des fonctionnaires du gouvernement a été confirmé par la transcription de la rencontre et par diverses sources, dont Alfred Wesley et l'Aîné cri William Sutherland. Mais nous ne savons toujours pas avec certitude qui a eu l'idée et à qui on a demandé de boire l'eau.

3. D'après une transcription que m'a donnée Carol Laronde, une enseignante de Kashechewan.
4. Selon les résultats d'une étude menée en juillet 2011 par Santé Canada, 127 Premières Nations étaient sous le coup d'un avis d'ébullition de l'eau.
5. Richard Brennan et Robert Benzie, « Deadly *E. coli* Threatens Natives. Government Must Act, Says Martin ; 2,000 on Reserve Need Vaccinations. Governments Argue over Responsibility », *Toronto Star*, 25 octobre 2005.
6. Julius Strauss, « Escape from Kashechewan : Those Most Affected by Northern Reserves Tainted Water Head South », *Globe and Mail*, 28 octobre 2005.
7. Rédaction, « Troops saw Kashechewan Operation as PR Exercise », *Canadian Press*, 14 mai 2006.
8. Murray Campbell, « Indifference to Native People Shows Again ; Children Sickened by Contaminated Water ; Federal Government Drenched in Blame », *Globe and Mail*, 27 octobre 2005.
9. Transcriptions de Hansard, Ontario Legislative Assembly, 26 octobre 2005.

Chapitre 14. Où iront-ils ensuite ?

1. Harold Cardinal, *The Unjust Society*, Vancouver, Douglas & McIntyre, 1999, p. 26.
2. Jonathan Lear, *Radical Hope : Ethics in the Face of Cultural Devastation*, Cambridge (MA), Harvard University Press, 2006.
3. Jeffrey Simpson, « Canada's Great First Nations Experiment », *Globe and Mail*, 30 juillet 2014.

Remerciements

Un nombre imposant de personnes se sont donné du mal pour que ce livre se matérialise. Voici une taxonomie de mes remerciements :

Recherche : Andrew Reuben, pour ses connaissances historiques, linguistiques et culturelles ; Julie Wesley, pour son aide illimitée ; Jesse McCormick, pour son expertise légale ; la reporter Connie Walker, pour sa grande perspicacité ; le chef Shining Turtle (Franklin Paibomsai) de la Première Nation Whitefish River ; Andrew Wesley, pour son assistance dans la compréhension des traditions cries ; le poète et dramaturge Tomson Highway ; Arthur Schwartzel, pour m'avoir aidée à m'y retrouver dans les ressources vidéo de la CBC ; le révérend Travis Enright ; Fan Brunning ; Jenny Lewis, pour sa perspicacité contextuelle ; Cynthia Wesley-Esquimaux, pour son expertise sur les pensionnats amérindiens ; la docteure Lindsay MacMillan ; Rob Clarke, ex-député de Desnethé – Missinippi – Churchill River ; Wayne Spear ; l'auteur Hans Carlson, pour son histoire de la région de la Baie-James ; le professeur et auteur Hugh Shewell, pour ses connaissances historiques et politiques ; Guy Ginter, pour m'avoir aidée à comprendre les ententes sur les répercussions et les avantages.

Finances : Je remercie le Conseil des arts de Toronto, le Conseil des arts de l'Ontario et le Conseil des arts du Canada, de m'avoir généreusement soutenue dans la recherche et l'écriture de ce livre.

Relations personnelles : Mes parents Ailsa, Jonathan, Steven et Eva ; mes frères et sœurs Augusta, Sidonie, Tim et Danielle ; Jill Grove, Elaine Wong, John Krizanc, Eve Joseph, Amanda Lewis, Diane Martin, Barbara Gowdy, Mary Albino, Andrew Micak, Patricia Pearson, Joss Maclennan, Michael Schellenberg, Danielle Boily, Steven Friedman, Tali Boritz, Andrea Carson Barker, Lorna Vallings, Dianne de Fenoyl, Jeff Warren, Sarah Barmak ; ma partenaire Lia Grimanis, pour sa patience, son amour et sa sagesse infinis.

Finalement, je remercie le peuple de Kashechewan, de m'avoir autorisée à rester sur la réserve et m'avoir donné une grande leçon de détermination, de courage et de résilience.

Table des matières

Mot de l'auteure 11

Prologue 13

Introduction 15

Chapitre 1
Départ pour le Nord 21

Chapitre 2
Le quart-monde 35

Chapitre 3
Rencontre avec le chef 47

Chapitre 4
Une piste au dépotoir 63

Chapitre 5
Aide sociale 77

Chapitre 6
Rumeurs 89

Chapitre 7
Enseigner aux enfants 99

Chapitre 8
Deux poids, deux mesures 111

Chapitre 9
Comparaisons 121

Chapitre 10
Quand les eaux envahissent tout 133

Chapitre 11
Un appel au secours 147

Chapitre 12
Préjudice moral 153

Chapitre 13
La crise 163

Chapitre 14
Où iront-ils ensuite ? 177

Comment participer 187

Chronologie de la crise de l'eau contaminée
à la bactérie *E. coli* de 2005 191

Notes. 195

Remerciements. 215

Suivez-nous sur le Web

Consultez nos sites Internet et inscrivez-vous à l'infolettre pour rester informé en tout temps de nos publications et de nos concours en ligne. Et croisez aussi vos auteurs préférés et notre équipe sur nos blogues !

EDITIONS-HOMME.COM
EDITIONS-JOUR.COM
EDITIONS-PETITHOMME.COM
EDITIONS-LAGRIFFE.COM
RECTOVERSO-EDITEUR.COM
QUEBEC-LIVRES.COM
EDITIONS-LASEMAINE.COM

RECYCLÉ
Papier fait à partir de matériaux recyclés
FSC www.fsc.org
FSC® C103567

Imprimé chez Marquis Imprimeur inc.
sur du Rolland Enviro, contenant 100%
de fibres postconsommation, fabriqué à partir d'énergie biogaz
et certifié FSC®, ÉCOLOGO, Procédé sans chlore et
Garant des forêts intactes.

PERMANENT 100% BIO GAZ ÉNERGIE Garant des forêts intactes[MC]